Praxis Sprache 10

Sprechen
Schreiben
Lesen

Arbeitsheft

Herausgegeben von	Wolfgang Menzel
Erarbeitet von	Harald Herzog
	Wolfgang Menzel
	Regina Nußbaum
	Ursula Sassen
Illustriert von	Konrad Eyferth

Fördert individuell – passt zum Schulbuch

Optimal für den Einsatz im Unterricht mit
Praxis Sprache: Stärken erkennen, Defizite ausgleichen.
Online-Lernstandsdiagnose und Auswertung auf Basis
der aktuellen Bildungsstandards.
Individuell zusammengestellte Fördermaterialien.

www.westermann.de/diagnose

Liebe Schülerinnen und Schüler,

ihr findet in diesem Buch auf vielen Seiten Aufgaben und Materialien
in den Farben **Türkis** und **Rot**, unter denen ihr auswählen könnt:
- **Türkise Aufgaben, Texte und Übungsmaterialien** sind etwas einfacher und kürzer.
  Sie geben euch Hilfestellungen, die ihr für eure Arbeit nutzen könnt.
- **Rote Aufgaben, Texte und Übungsmaterialien** sind etwas schwieriger und umfangreicher.

Inhalt

Sprechen und Zuhören

4   Eine Rede inhaltlich und sprachlich untersuchen

9   Teile einer Brandrede ordnen und untersuchen

11   Ein Interview untersuchen
Nach Sarah Kröger: Mirjam Pressler im Interview

Sachtexte und Medien

14   Elemente journalistischer Kommentare ermitteln
Hans-Peter Müller: 1 000 Tage World of Warcraft: Verschwende Deine Jugend

16   Bericht und satirischer Kommentar
Nach Axel Bojanowski: Grönlands Nordosten beginnt zu tauen
Jens-Karl Bochtler: Tschüs, Lübeck!

19   Gezeichnete Kritik verstehen – Karikaturen auswerten

21   Bewerbung: Die Bewerbungsmappe

23   Bewerbung: Die Motivationsseite

Schreiben und Präsentieren

25   Inhaltsangabe
Johanna und Günter Braun: Herrn Morphs Konsequenz

27   Dialektische Erörterung: Informationen entnehmen, Argumente gewinnen
Nach Ralf Nestler: Streit um Plastiktüten: Die Tütchenfrage
Nach Stefan Kaufmann: Kampf gegen die Plastik-Plage

30   Dialektische Erörterung: Eine Gliederung nach dem Sanduhrprinzip

33   Dialektische Erörterung: Eine Gliederung nach dem Reißverschlussprinzip

36   Dialektische Erörterung: Wiederholen – Vertiefen – Üben

40   Eine literarische Figur charakterisieren
Max Frisch: Andorra

Literatur begegnen

46   Ein Gedicht mit Hilfe von Leitfragen untersuchen und erschließen
Mascha Kaléko: Sehnsucht nach dem Anderswo

48   Ein Gedicht selbstständig mit Hilfe von Leitfragen interpretieren
Mascha Kaléko: In den Regen – – –

50   Eine Kurzgeschichte mit Hilfe von Leitfragen interpretieren
Leonie Ossowski: Die Metzgerlehre

Rechtschreibung und Zeichensetzung

54   Wörter mit h

55   Die s-Laute

56   Rechtschreibfehler finden

57   Groß- und Kleinschreibung

59   Getrennt- und Zusammenschreibung 1

60   Getrennt- und Zusammenschreibung 2

61   Das Pronomen *das* – die Konjunktion *dass*

63   Die Zeichen der wörtlichen Rede

64   Das Komma zwischen Hauptsatz und Nebensatz

66   Das Komma in Infinitivsätzen

67   Satzzeichen einsetzen

Sprache und Sprachgebrauch

68   Wortarten

69   Zeitformen

70   Konjunktiv I

71   Konjunktiv II

72   Aktiv – Passiv

73   Satzglieder

74   Die Objekte

75   Die Stellung der Satzglieder im Text

Arbeitstechnik: Training für die Abschlussprüfung

77   Teil 1: Hören und Verstehen
Radiobeitrag: Präsentation der schönsten Bücher Deutschlands

79   Teil 2: Lesen und Verstehen – Untersuchen und Schreiben
Marie Luise Kaschnitz: Das letzte Buch
Robert Gernhardt: Das Buch

85   Einen zusammenhängenden Text schreiben – zwei Aufgaben zur Wahl

Quellen

88

→ **Eine Rede inhaltlich und sprachlich untersuchen**

Der Fluch des Zuckers

Meine sehr verehrten Damen und Herrn, ganz herzlich möchte ich mich bei den Veranstaltern für die Einladung zum diesjährigen Ernährungskongress bedanken. Als Sprecher der Verbraucherverbände weiß ich es sehr zu schätzen, dass wir hier unseren Standpunkt zum Thema „Zucker"
5 vorstellen dürfen.
    Dem Zucker im alltäglichen Leben zu entkommen, scheint nahezu unmöglich zu sein. Wir nehmen Zucker in Kaffee oder Tee zu uns, und wir trinken ihn in großen Mengen in Soft-Drinks. Wir streichen ihn uns morgens als Marmelade aufs Brot, und wir essen ihn mit Fruchtjoghurts.
10 Wir belohnen unsere Kinder mit Schokoladenüberraschungseiern, und wir lassen uns von der Werbung weismachen, eine Milchschnitte sei gut für die Gesundheit unserer Kinder. Aber wir nehmen auch erhebliche Zuckermengen mit Lebensmitteln auf, in denen wir Zucker nicht vermuten würden. Denn auch in Pizzas, Wurst, Kartoffel-Chips, Nudelsalaten,
15 Würzsaucen oder Ketchup ist Zucker ein wichtiger Inhaltsstoff. Wussten Sie beispielsweise, dass 500 ml Ketchup 33 Stücke Würfelzucker enthalten? Wussten Sie, dass ein halber Liter Cola 18 Stücke Würfelzucker enthält und wussten Sie, dass in 200 ml vermeintlich gesundem Orangensaft immerhin noch 7 Stücke Zucker sind?
20   Jeder Deutsche konsumiert so im Durchschnitt Tag für Tag 100 Gramm Zucker – das sind 35 Kilogramm pro Jahr. Der Zuckerkonsum ist in den letzten 30 Jahren weltweit um 45 Prozent angestiegen – ... mit fatalen Folgen für die Gesundheit der Weltbevölkerung und mit drastischen Kostensteigerungen im Gesundheitswesen.

Rhetorische Mittel:

Captatio benevolentiae

Pluralis auctoritatis

Parallelismus

_____

_____

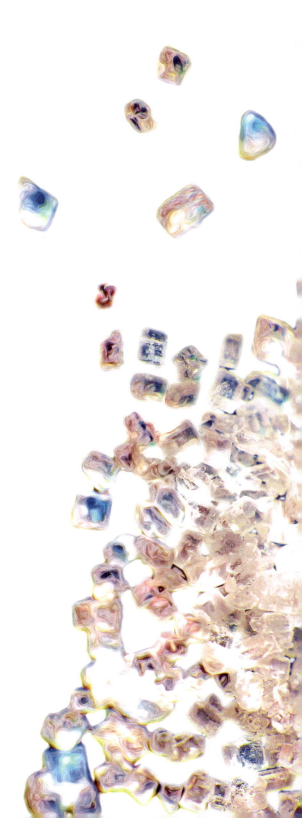

Natürlich wissen die meisten Menschen, dass zu viel Zucker schädlich ist. Natürlich wissen sie, dass ein Übermaß an Zucker zu Übergewicht führt. Und natürlich wissen sie, dass Übergewicht und eine zuckerlastige Ernährung zu Krankheiten, wie Diabetes Typ 2 oder Herz-/Kreislauferkrankungen führen kann. Aber wissen Sie auch, dass übermäßiger Zuckerkonsum eine Ursache für Krebs sein kann? Wissen Sie, dass Zucker das Wachstum von Tumorzellen begünstigt? Und wissen Sie, dass bei Diabetikern (Typ 2) vierundzwanzig verschiedene Krebsarten besonders häufig auftreten? Das ist keine Schwarzmalerei genussfeindlicher Spaßverderber, die Ihnen die Freude an Ihrer Schokolade durch das Schreckgespenst „Zucker" verderben wollen. Das sind ernst zu nehmende Ergebnisse von Wissenschaftlern der Harvard Medical School in Boston.

Wenn wir heute hier über Zucker reden, dann reden wir auch über Sucht. Wenn wir heute hier über Zucker reden, dann reden wir auch über Krankheit. Und wenn wir heute hier über Zucker reden, dann reden wir letztendlich auch über den Tod. Denn dass Zucker töten kann, darüber besteht bei Wissenschaftlern und Ärzten schon lange kein Zweifel mehr. Die Zahlen sprechen eine deutliche Sprache: Alleine an Diabetes Typ 2 sterben weltweit jährlich 4,8 Millionen Menschen.

Sie könnten jetzt einwenden, das Zucker-Problem sei doch leicht zu lösen, indem man einfach auf Süßigkeiten verzichtet. Sie könnten sich vornehmen, zuckerarme Cola- oder Limonadengetränke zu kaufen, um so Ihren Zuckerkonsum zu senken. Oder Sie könnten beschließen, statt Schokolade einen gesunden Müsliriegel oder einen gesunden Fruchtjoghurt zu essen. Wenn Sie das für eine Lösung des Problems halten, dann werden Sie Ihr blaues Wunder erleben. Denn bei genauer Prüfung könnte sich Ihr gesunder Müsliriegel als Zuckerbombe erweisen. Und bei genauem Hinsehen könnte sich ihr gesunder Fruchtjoghurt als zuckergesättigte Mogelpackung entpuppen. Um das auf Anhieb zu erkennen, müssten Sie aber schon sehr genau auf die Zutatenliste der Verpackung schauen. Und um das herauszufinden, müssten Sie über einige Grundkenntnisse in Lebensmittelchemie verfügen. Denn die Zuckerindustrie hat raffinierte Verschleierungsstrategien entwickelt. Strategien, die uns im Dunkeln lassen über die wahren Zuckermengen in unseren Lebensmitteln, Strategien, die uns hinsichtlich der Inhaltsstoffe in Sicherheit wiegen, und Strategien, die uns bei den Gesundheitsrisiken gezielt hinters Licht führen.

Natürlich hat die Zuckerindustrie großes Interesse daran, dass diese Strategien nicht öffentlich werden. Natürlich wäre es der Zuckerindustrie lieber, wenn der Verbraucher nicht über die Verschleierungstaktiken der Zuckerlobby aufgeklärt würde. Denn bei den Zutatenangaben versucht die Zuckerlobby den Verbraucher gezielt zu täuschen. Anstatt den Zuckergehalt präzise anzugeben, wird der Verbraucher mit einer Vielzahl verwirrender Begriffe aufs Glatteis geführt. Das Wort „Zucker" wird dabei nach Möglichkeiten vermieden. Stattdessen finden sich auf der Verpackung Angaben wie Saccharose, Lactose, Fructose, Glucose, Maltose, Dextrose und so weiter – Begriffe, die der Laie oft nicht versteht und vor allem nicht mit Zucker in Verbindung bringt.

Es gibt immer wieder Leute, die uns als Schwarzseher und Öko-Freaks verspotten. Es gibt immer wieder Vertreter der Zuckerindustrie, die darauf hinweisen, dass Zucker ein Naturprodukt ist, dass Zucker nicht krank macht und dass die Zuckermenge in allen verpackten Lebensmitteln angegeben wird. Und es gibt immer wieder Leute, die wissenschaft-

liche Forschungsergebnisse anzweifeln und behaupten, dass es keinen Zusammenhang zwischen Zucker und Übergewicht gibt, keinen Zusammenhang zwischen Zucker und Diabetes Typ 2 und keinen Zusammenhang zwischen Zucker und Krebs.

Diese Leute sollten sich einmal ernsthaft mit den aktuellen Forschungsergebnissen auseinandersetzen. Diese Leute sollten sich einmal fragen, warum die Lebensmittelindustrie die Zuckermengen auf den Lebensmittelverpackungen gezielt verschleiert. Und diese Leute sollten sich einmal fragen, was wichtiger ist: Der Profit der Zuckerindustrie oder die Gesundheit und das Leben von Millionen von Menschen.

Wenn es uns nicht gelingt, die Zucker- und Lebensmittelindustrie in ihre Schranken zu verweisen, dann wird sich in den nächsten Jahren die Zahl der Übergewichtigen und Diabetiker drastisch erhöhen. Wenn es uns nicht gelingt, den Zuckerkonsum weltweit zu reduzieren, dann werden in naher Zukunft immer mehr Menschen an Herzinfarkt, an Krebs und an Diabetes sterben.

Auf diese Entwicklung haben wir schon vor über zehn Jahren hingewiesen, aber unsere Warnungen wurden in den Wind geschlagen. Heute aber besteht kein Zweifel mehr, dass sich unsere Befürchtungen mehr als erfüllt haben. Heute besteht kein Zweifel mehr daran, dass Zucker zu einer weltweiten Bedrohung unserer Gesundheit geworden ist. Und heute besteht kein Zweifel mehr daran, dass übermäßiger Zuckerkonsum auch in Zukunft Millionen Menschen das Leben kosten und Milliarden an Gesundheitskosten verschlingen wird.

Wie lange wollen wir uns noch von der Zuckerlobby hinters Licht führen lassen? Wie lange wollen wir es noch hinnehmen, dass unsere Kinder und Enkelkinder mit Lebensmitteln übergewichtig und krank gemacht werden? Und wie lange wollen wir es noch dulden, dass der Zuckergehalt in Lebensmitteln nicht wahrheitsgemäß und verständlich auf jeder Verpackung steht?

Ich appelliere an Sie alle, mit uns den Kampf gegen die Zuckerlobby aufzunehmen. Ich bitte Sie um Ihre Unterstützung bei unserer Forderung nach einer leicht verständlichen Kennzeichnung von Verpackungen, beispielsweise durch eine sogenannte Lebensmittelampel. Lebensmittel mit einem hohen Zuckergehalt könnten dann durch eine rote Lebensmittelampel gekennzeichnet werden, während Lebensmittel mit geringem Zuckergehalt mit einer grünen Ampel auf der Verpackung ausgezeichnet würden. Ich bitte Sie um Unterstützung bei unserer Forderung nach einer höheren Besteuerung stark zuckerhaltiger Lebensmittel, um die Hersteller zu zwingen, den Zuckergehalt in Lebensmitteln zu reduzieren. Und ich appelliere an Sie als mündige Konsumenten, übermäßig gezuckerte Lebensmittel zu boykottieren. Denn auch wir Konsumenten haben es in der Hand, uns für richtig oder falsch, vernünftig oder unvernünftig und für gesund oder krankmachend zu entscheiden. Nur wenn wir Verbraucher an einem Strang ziehen, werden wir die Zuckerindustrie in die Knie zwingen können.

Ich danke für Ihre Aufmerksamkeit.

1 Setze dich mit der Rede inhaltlich auseinander, indem du folgende Aufgaben bearbeitest.

a) Notiere einige Argumente, die **gegen** einen übermäßigen Zuckerkonsum sprechen.

b) In dieser Rede finden sich drei Argumente, die **für** Zucker sprechen. Schreibe sie auf.

c) Gib die Forderungen des Redners in eigenen Worten wieder.

2 Schreibe eine persönliche Stellungnahme (Heft oder Mappe), in der du dich mit dem Problem „Zucker in Lebensmitteln" auseinandersetzt und zu den Forderungen des Redners Stellung nimmst.

3 Analysiere die Redestrategien und die rhetorischen Mittel der Rede. Gehe dabei so vor:

Schritt 1: Informiere dich im Merkkasten unten über die häufigsten Redestrategien und rhetorischen Mittel.

Schritt 2: Bestimme dann die bereits markierten Redestrategien und rhetorischen Mittel der Rede.

Schritt 3: Markiere in der Rede mindestens ein Beispiel für die folgenden rhetorischen Mittel und Redestrategien. Notiere den jeweiligen Fachbegriff am rechten Rand.

Redestrategien: Prolepsis, Pluralis auctoritatis, Anticipatio, Abwertung des Gegners, eigene Aufwertung, Appell, Captatio benevolentiae

Rhetorische Mittel: Parallelismus, Metapher, rhetorische Frage, Personifikation, Antithese, Exemplum, Akkumulation

Übersicht über die Redestrategien und rhetorischen Mittel einer Rede

Entscheidend für die Wirkung einer Rede sind – neben der persönlichen Ausstrahlung des Redners / der Rednerin – die rhetorischen Mittel und die Redestrategien.

Rhetorische Mittel:

1. Eine Frage stellen, auf die keine Antwort erwartet wird **(rhetorische Frage)**.
   Beispiel: *Können wir das wirklich verantworten?*

2. Ein Beispiel nennen **(Exemplum)**.
   Beispiel: *…so wie jener junge Mann, der sich in seiner Freizeit ehrenamtlich um …*

3. Begriffe anhäufen **(Akkumulation)**.
   Beispiel: *In diesen Ländern herrschen Arbeitslosigkeit, Hunger, Not, Gewalt und …*

4. Eine Sache als handelnde Person darstellen **(Personifikation)**.
   Beispiel: *Europa muss in dieser Krise mehr Verantwortung übernehmen und …*

5. Gleiche Satzmuster wiederholen, um das Gesagte zu betonen **(Parallelismus)**.
   Beispiel: *Darum ist es erforderlich, dass … Darum ist es auch erforderlich, dass …*

6. Begriffe nicht wörtlich, sondern im übertragenen Sinn verwenden **(Metapher)**.
   Beispiel: *Sie wollen doch nur rechtzeitig das sinkende Schiff verlassen.*

7. Gegensätzliche Begriffe gegenüberstellen **(Antithese)**.
   Beispiel: *Das ist eine Entscheidung zwischen Richtig und Falsch, Gut und Böse …*

Redestrategien:

1. Beim Publikum Wohlwollen erwirken **(Captatio benevolentiae)**.
   Beispiel: *Sehr verehrte Damen und Herren, ich freue mich heute bei Ihnen …*

2. Argumente der Gegenseite vorwegnehmen und entkräften **(Prolepsis)**.
   Beispiel: *Natürlich werden unsere Kritiker einwenden, dass …*

3. Den Gegner abwerten.
   Beispiel: *Das hätte der Umweltminister aber bereits 2011 erkennen müssen.*

4. Sich selbst aufwerten.
   Beispiel: *Die jüngsten Entwicklungen bestätigen unsere Politik der …*

5. Eine Vorausdeutung abgeben **(Anticipatio)**.
   Beispiel: *Dann wird es auch in Zukunft keine …*

6. Dem Publikum ein „Wir-Gefühl" vermitteln **(Pluralis auctoritatis)**.
   Beispiel: *Nur gemeinsam können wir …*

7. Das Publikum auffordern, etwas zu tun **(Appell)**.
   Beispiel: *Darum appelliere ich an Sie als …*

→ **Teile einer Brandrede ordnen und untersuchen**

M

Sprechen und Zu-hören

Brandreden

Reden, die aktuelle Missstände öffentlich anklagen und Lösungen fordern, bezeichnet man als Brandreden. Das Ziel einer Brandrede besteht darin, ...

- für die öffentliche Wahrnehmung von Missständen zu sorgen.
- Forderungen / Appelle zur Milderung bzw. Beseitigung der Missstände zu stellen.

Brandreden können aus diesen **sieben Bausteinen** bestehen:
Baustein 1: Begrüßung und Danksagung
Baustein 2: Beschreibung des Missstands anhand eines Beispiels
Baustein 3: Weigerung, den Missstand untätig hinzunehmen
Baustein 4: Vorwegnahme möglicher Gegenargumente
Baustein 5: Abwertung der Gegner und ihrer Argumente
Baustein 6: Appelle
Baustein 7: abschließende Danksagung

Die folgende Brandrede hat ein Schüler auf der SV-Versammlung gehalten.
Es geht um die Verschmutzung des Schulgeländes durch Hundekot.

1 Bringe die sieben Teile der Rede in die richtige Reihenfolge, indem du ...
- die Bausteine der Rede von 1 bis 7 nummerierst und
- dann die Bezeichnung der Bausteine als Zwischenüberschriften notierst.

Schluss mit dem Hundekot auf unserem Schulgelände

Baustein ____ : _____

Ich sehe aber nicht ein, dass wir als Schülerinnen und Schüler diese ekelhaften Verschmutzungen länger hinnehmen sollen. Wir alle bemühen uns, unsere Schule sauber zu halten. Es gibt Ordnungsdienste für die Klassenräume, es gibt Säuberungsdienste für die Flure und für die Treppenhäuser, es gibt Dienste für die Mensa und es gibt Ordnungs-
5 dienste für die Säuberung des Schulhofes und der Grünanlagen. All diese Dienste haben nur ein Ziel: Für eine saubere Schule zu sorgen.
Sollen wir es da einfach hinnehmen, dass es in der Nachbarschaft unserer Schule offensichtlich Menschen gibt, denen unsere Schule egal ist?

Baustein ____ : _____

Zu Beginn meiner Rede würde ich euch gern ein Beispiel geben: Als ich gestern am Ende
10 der großen Pause über den Schulhof ging, stand da ein Sechstklässler, der verzweifelt versuchte, seinen rechten Schuh mit einem Stöckchen zu säubern. Er war nämlich in einen Hundehaufen getreten und bemühte sich nun, den Hundekot aus dem Profil der Schuhsohle zu kratzen. Wenn das ein Einzelfall wäre, würde ich darüber kein einziges Wort verlieren. Tatsache ist aber, dass es kein Einzelfall ist, sondern Alltag an unserer
15 Schule. Denn wem von uns wären die zahlreichen Hundehaufen auf unserem Schulgelände nicht schon aufgefallen? Es macht mich einfach wütend, mit welcher Rücksichtslosigkeit manche Hundebesitzer unser Schulgelände als Hundeklo missbrauchen.

Baustein ____ : _____

Zunächst einmal, liebe Mitschülerinnen und Mitschüler, möchte ich mich dafür bedanken, dass ich heute hier in der SV-Versammlung mein Anliegen vorbringen darf – ein
20 Anliegen übrigens, das uns alle betrifft.

Baustein ____: _____

Diese Leute sollten einmal in den Pausen und in den Mittagsfreizeiten auf unser Schulgelände kommen und sich das Ausmaß der Verschmutzungen ansehen. Diese Leute sollten sich einmal fragen, ob sie wollen, dass ihre Kinder in Hundekot treten, ob sie wollen, dass ihr Vorgarten zum stinkenden Hundeklo wird und ob sie wollen, dass
25 Kinder mit verkoteten Schuhen in ihrem Haus herumlaufen.

Baustein ____: _____

Vielen Dank für eure Aufmerksamkeit und für eure Unterstützung.

Baustein ____: _____

Um endlich etwas gegen die Hundekot-Verschmutzung zu tun, bitte ich euch um eure Unterstützung. Ich fordere euch auf, mit mir gemeinsam an einem Strang zu ziehen und Maßnahmen zu überlegen, die verhindern, dass unser Schulgelände weiterhin das
30 Hundeklo der Gemeinde ist. Ich appelliere an die Schulleitung, sich mit uns Schülern an einen Tisch zu setzen und zu beraten, was wir gegen den Hundekot tun können.

Baustein ____: _____

Natürlich gibt es Leute, die es kleinlich finden, sich über ein Hundehäufchen ernsthaft aufzuregen. Natürlich gibt es Leute, die selbst Hunde haben und die jede Kritik an Verschmutzungen durch Hundekot als Hundefeindlichkeit auslegen.

2 Lies die Rede in der richtigen Reihenfolge einmal laut vor.

3 Welche Maßnahmen zur Lösung des Problems würdest du vorschlagen?

_____

_____

4 Informiere dich in dem Merkkasten (Seite 8) noch einmal über die wichtigsten rhetorischen Mittel und Redestrategien. Markiere dann in der Brandrede „Schluss mit dem Hundekot auf unserem Schulgelände" jeweils ein Textbeispiel und notiere die Zeilenangabe.

Rhetorische Mittel:

a) Eine Frage stellen, auf die keine Antwort erwartet wird (**rhetorische Frage**): Zeile: _____

b) Begriffe im übertragenen Sinn verwenden (**Metapher**): Zeile: _____

c) Gleiche Satzmuster wiederholen (**Parallelismus**): Zeile: _____

d) Ein Beispiel nennen (**Exemplum**): Zeile: _____

Redestrategien:

a) Abwertung des Gegners: Zeile: _____

b) Argumente des Gegners vorwegnehmen (**Prolepsis**): Zeile: _____

c) Das Publikum auffordern, etwas zu tun (**Appell**): Zeile: _____

d) Eine Vorausdeutung abgeben (**Anticipatio**): Zeile: _____

→ Ein Interview untersuchen

1 Lies das folgende Interview mit der preisgekrönten Jugendbuchautorin und Übersetzerin Mirjam Pressler. Das Gespräch dreht sich um mehrere Themen, z.B. *Lesemüdigkeit der Jugend, Unersetzbarkeit von Büchern …* Notiere die jeweiligen Themen am Rand.

Mirjam Pressler im Interview

Nach Sarah Kröger

1) _____ *Heutzutage ziehen Jugendliche und Kinder oft andere Medien den Büchern vor. Frau Pressler, wie sehen Sie diese Entwicklung?*
Auch früher haben nicht alle Kinder oder Jugendlichen gelesen. Aber dadurch, dass es mehr Medien gibt und somit mehr Dinge, die sie machen können, geht natürlich sehr viel Zeit verloren, die sie nicht für das Lesen nutzen. Mir tun junge Menschen leid, wenn sie gar nicht lesen. Bücher können Dinge in einer Art und Weise ansprechen, wie es kein anderes Medium kann.

2) _____ *Wie könnte man Kinder und Jugendliche an Bücher heranführen?*
Indem man ihnen viele Bücher anbietet. Wenn es zu Hause allerdings keine Bücher gibt, sehe ich wenige Chancen für die Kinder.

3) _____ *Warum schreiben Sie Bücher?*
Ich schreibe gerne. Hauptsächlich schreibe ich für mich. Es macht mir Spaß, mit Sprachen zu arbeiten und Geschichten zu erzählen.

4) _____ *Ihre Bücher behandeln oft ernste Themen und Probleme. Welche konkreten Lösungsmöglichkeiten bieten Sie Ihren jungen Lesern an?*
Ich erzähle Geschichten, Geschichten von Personen. Es geht mir wirklich nicht darum, dass ich eine Form von Happy End biete oder sage: „Das und das wäre die Lösung." Ich bin aber dafür, dass man über alles redet und sich Gedanken macht.

5) _____ *Und wie ist die Resonanz bei den Lesern?*
Immer wieder kommen Leute und sagen mir: „Das war's, das Buch damals hat mir geholfen." Das geht, glaube ich, allen Autoren so. Denn so funktionieren Bücher natürlich. Und es muss nicht unbedingt Weltliteratur sein. Ein bestimmtes Buch zum richtigen Zeitpunkt kann viel bewirken. Auch mir haben bestimmte Bücher geholfen oder haben mich beeindruckt.

6) _____ *Mit Ihrem Roman „Nathan und seine Kinder" adaptieren[1] Sie Lessings Drama „Nathan der Weise". Welche Idee steht für Sie dahinter?*
Der Hauptgrund ist, dass ich sehr dafür bin, dass Geschichten immer wieder erzählt werden, dass sie nicht verloren gehen. Als meine Töchter „Nathan der Weise" in der Schule gelesen haben, kamen sie nach Hause und sagten: „So ein Gelaber". Da habe ich schon damals gedacht, so gehen Geschichten verloren, so geht die Ringparabel[2] verloren! Im Original ist Lessing sehr schwer zu lesen. Wie sollen Leute merken, welche Geschichten es wert sind, bewahrt zu werden, wenn sie nicht erzählt werden?

[1] etwas an andere Gegebenheiten anpassen, bearbeiten, übertragen
[2] Schlüsselszene in Lessings Drama „Nathan der Weise"

7) _____ *Aber fiel es Ihnen nicht schwer, einen so bekannten Klassiker neu zu erzählen?*
Es war überhaupt nicht leicht. Die Geschichte spielt um 1200 n. Chr. in Jerusalem, das war die Zeit der Kreuzzüge. Als Lessing das geschrieben hatte, konnte er sicherlich fest damit rechnen, dass alle Leute über die Kreuzzüge Bescheid wussten. Das ist heute nicht mehr so. Ich musste also wahnsinnig viel recherchieren. – Doch ich habe nicht gezögert, ein solches Werk umzuschreiben, ich habe das relativ unbefangen gemacht. Natürlich werden irgendwelche Leute sagen, ich hätte mich vergriffen.

8) _____ *Das Hauptmotiv in „Nathan der Weise" ist die religiöse Toleranz. Wie würden Sie Toleranz definieren?*
Da gibt es diesen platten Spruch „Leben und leben lassen". Toleranz bedeutet, anderen zuzugestehen, etwas anderes zu denken. Lessing forderte die Vernunft. Das ist es, was wir brauchen. Das funktioniert bis heute nicht.

9) _____ *Sind Klassiker heutzutage noch wichtig?*
Klassiker sollten weiterhin gelesen werden, das ist unser kulturelles Erbe. Aber auch Kinderbücher wie „Huckleberry Finns Abenteuer" oder die „Rote Zora" – die gehören für mich zu den Klassikern, die eigentlich jedes Kind mal gelesen haben sollte.

10) _____ *Das E-Book wird immer populärer. Haben Sie schon einmal eines gelesen, Frau Pressler?*
Nein, aber ich könnte es mir gut vorstellen, dass ich mir das irgendwann anschaffe, zum Beispiel für Reisen. So kann ich mehr Bücher dabeihaben. Es ärgert mich, wenn ich im Urlaub bin und merke, dass ich die drei falschen Bücher mitgenommen habe. In solch einer Situation könnte ich es mir gut vorstellen.

11) _____ *Ist das E-Book vielleicht auch eine Chance, junge Menschen mehr für das Lesen zu begeistern?*
Ja, es ist natürlich eine Spielerei. Ich mag diese technischen Spielereien auch sehr gerne, ich liebe meinen Computer sehr. Wenn sie Bücher lieber als E-Book lesen wollen, dann ist es okay, da habe ich überhaupt nichts dagegen. Ich habe lieber ein Buch in der Hand.

2 Wähle ein prägnantes Zitat von Mirjam Pressler aus und
schreibe es als Schlagzeile für das Interview auf.

_____

_____

3 Ergänze im Interview vier Antworten von Mirjam Pressler mit den folgenden Sätzen a) bis d).
Schreibe den zur Antwort passenden Satz jeweils auf die freie Linie darunter.
a) Zuhause möchte ich lieber richtige Bücher lesen.
b) Aber ich will, dass die Geschichte bleibt.
c) Doch auf die alten Klassiker sollte man nicht ganz verzichten.
d) Es war damals in Jerusalem so und ist auch heute noch so.

4 Wie äußert sich Mirjam Pressler zu E-Books? Markiere entsprechende Stellen im Interview.
Gib die Äußerungen zusammengefasst in indirekter Rede wieder.

Frau Pressler sagt, sie habe noch kein _____

_____

_____

_____

5 Welche typischen **Frageformen** kommen in diesem Interview vor?
Schreibe die Buchstaben jeweils links neben die Frage.
Es können mehrere Formen auf eine Frage zutreffen.

A **vorstellende Frage:** Anrede des Gegenübers
B **geschlossene Frage:** verlangt eine Ja/Nein-Entscheidung
C **offene Frage:** verlangt eine längere Antwort
D **Zwischenfrage:** unterbricht, hakt nach
E **Balkonfrage:** stellt der Frage eine Information voran

6 Interviews bieten Gelegenheit zur Meinungsäußerung. Welche Äußerung von
Mirjam Pressler hat dich besonders beeindruckt? Schreibe deine Gedanken dazu auf.

_____

_____

_____

_____

_____

Sachtexte und Medien

→ Elemente journalistischer Kommentare ermitteln

1 Lies den folgenden Kommentar. Markiere die Frage und die Nachricht, um die es geht.

1000 Tage World of Warcraft: Verschwende Deine Jugend

Ein Kommentar von Hans-Peter Müller

Den Spruch gab es bestimmt schon bei den ollen Griechen. Einer der Philosophen wird sich schon Gedanken gemacht haben. Darüber, wie die Jugend ihre Zeit verplempert. In unseren Tagen ist „Verschwende Deine Jugend" mindestens seit 1981 belegt. Als Songtitel von DAF[1]. Die Zeile war aber zu gut, um im Punk-Ghetto zu versauern. Auch heute geistert sie munter herum, nicht nur bei Silbermond[2]. Und ganz frisch tobt die Diskussion nun wieder in den Online-Foren: Wie nutzt man seine Zeit sinnvoll?

Anlass ist die Nachricht, dass es dem ersten Menschen gelungen ist, das Online-Spiel World of Warcraft (WoW) komplett durchzuspielen. Ob das überhaupt geht, ist zwar umstritten. WoW ist nämlich eine offene Plattform, auf der sich – nach fast zehn Jahren Laufzeit – die derzeit rund 7,7 Millionen Spieler frei treffen können. Sie tragen virtuelle Kämpfe aus, lösen Aufgaben oder kommunizieren einfach nur. Doch es gilt in der aktuellen Ausbaustufe auch, 2057 sogenannte Erfolge zu erledigen. Und das hat nun eben als Erster Andrej aus Kiew geschafft.

Dafür hat Andrej tatsächlich einen Gutteil seiner Jugend eingesetzt. Um seinen Schattenpriester Hiruko durch alle Fährnisse der Fantasiewelt Azeroth zu bugsieren, brauchte er mehr als 1000 Tage reine Spielzeit und wurde darüber 32 Jahre alt. So eine Verschwendung von Energie und Lebenszeit, wettern deswegen die einen. Wenn's ihm Spaß macht, pfeifen die anderen drauf.

Doch auch die Geschichte von Andrej hat ihre Moral. Denn selbst für ihn hieß es irgendwann: Ade, du schöne Jugendzeit. Er musste ans Geldverdienen denken. WoW ist für ihn nun kein sinnfreies Spiel mehr, sondern schnöder Broterwerb. Er hilft anderen Spielern dabei, Aufgaben zu erledigen – gegen Bezahlung.

[1] DAF [Deutsch Amerikanische Freundschaft] Punkband aus Nordrhein-Westfalen
[2] Silbermond: Pop-Rock-Band aus Sachsen

2 Hat Andrej seine Zeit sinnvoll verbracht?
Notiere die Argumente, die dafür und dagegen vorgebracht werden.

_____

_____

_____

_____

_____

3 Welche Lehre zieht der Kommentator abschließend? Markiere sie im Text.

Kommentare

M

Kommentare sind **Meinungsbeiträge** in den Medien, die ein nachdenkliches, oft kritisches Licht auf gesellschaftliche Verhältnisse und menschliches Verhalten werfen.

Kommentare können folgende **Merkmale** haben:
- Die aktuelle **Nachricht**, auf die sich der Kommentar bezieht, wird erklärt.
- Die Sprache des Kommentars ist
    - → sachlich **informierend**: *Er hilft anderen Spielern ...*
    - → positiv / negativ **bewertend**: *... sondern schnöder Broterwerb.*
    - → **argumentierend**: *So eine Verschwendung [...], wettern deswegen die einen.*
    - → **appellierend**, manchmal auch **provozierend**: *„Verschwende Deine Jugend"*
- Auf der **informierenden Ebene** sind die Ausdrücke eher **begrifflich**: *kommunizieren, in der aktuellen Ausbaustufe ...*
- Auf der **kommentierenden Ebene** sind die Wörter eher **bildlich** und **emotional**: *geistert munter herum, pfeifen die anderen drauf ...*

4 Wo wird die Nachricht erklärt? Markiere die entsprechende Textstelle.

5 Schreibe Beispiele aus dem Kommentar heraus:
a) Ausdrücke für begriffliche Sprache – Sachwörter, Fachbegriffe, auch Fremdwörter

_____

_____

b) Ausdrücke für emotionale, bildliche Sprache – Alltagsmetaphern, Umgangssprache

_____

_____

c) positiv/negativ bewertende Wörter, z. B. *verplempert, gut ...*

_____

_____

d) kleine kommentierende Wörter (Modalpartikeln), z. B. *bestimmt, schon ...*

_____

_____

6 Verfasse einen eigenen Kommentar. Beziehe dich auf die Nachricht über *World of Warcraft*.
- Beschäftige dich mit der Frage, ob das Spielen am Computer sinnvoll ist.
- Begründe deinen Standpunkt. Appelliere! Finde eine kurze, knackige Überschrift.

... ? ...
Ein Kommentar von ...

Geschafft! Endlich ist es dem ersten Menschen gelungen ...
Andrej aus Kiew ...

→ Bericht und satirischer Kommentar

Zeitungsberichte: Das Wichtigste zuerst

In Zeitungsberichten steht die **wichtigste Information am Anfang (Lead-Stil)**, es folgen Zusatzinformationen und Details. Typische **Merkmale** sind:
- fettgedruckte **Schlagzeile** und **Lead** (Vorspann), die beide bereits wichtige **W-Fragen** beantworten
- **mehrspaltiger Fließtext** im Lead-Stil
- insgesamt **sachliche Sprache**
- ergänzende **Fotos** als Eyecatcher

1 Lies den Zeitungsbericht und markiere Antworten auf die W-Fragen:
- **Was?** – die wichtigste Information
- **Wo?** – Orte
- **Wann?** – Zeitangaben
- **Wer?** – Angaben zu Personen
- **Warum?** – Ursachen

Grönlands Nordosten beginnt zu tauen

Nach Axel Bojanowski, SPIEGEL ONLINE, 17.03.2014

Der Nordosten Grönlands galt als tiefgefroren und stabil trotz Erderwärmung. Nun aber haben Wissenschaftler eine erschreckende Entdeckung gemacht: In der Region schrumpfen Gletscher.

Der Eispanzer Grönlands gilt als größtes Risiko des Klimawandels. Wie stark wird die erwartete Erwärmung ihn tauen lassen? Das Schmelzwasser Grönlands entscheidet wesentlich darüber, wie hoch die Meere steigen werden. Neue Daten zeigen, dass der Eisverlust des Nordkontinents unterschätzt worden sein könnte.

Nach bisherigen Rechnungen trägt die Schmelze des Grönlandeises einen halben Millimeter zum Meeresspiegelanstieg von gut drei Millimetern pro Jahr bei. Das Tauwasser stammt nach bisherigen Erkenntnissen vor allem aus Gletschern im Südosten und Nordwesten des Landes. Nun aber zeigen Messungen, dass auch der Nordosten Grönlands schmilzt. Klimaforscher berichten, die Region habe jährlich zehn Milliarden Tonnen Eis verloren. Damit dürfte der Nordosten Grönlands knapp 0,03 Millimeter pro Jahr zum Anstieg der Ozeane beigetragen haben. Die Erkenntnis ist eine böse Überraschung.

Forscher auf Grönland: Die Wissenschaftler stützen sich auf Daten von GPS-Stationen entlang der grönländischen Küste, die per Satellit ihre Lage meldet. (Foto: AP)

„Der Nordosten Grönlands ist sehr kalt, sein Eis galt als stabil", resümiert Michael Bevis von der Ohio State University. „Aber unsere Studie zeigt, dass sich der Eisverlust im Nordosten beschleunigt." Ursache der Schmelze sei vermutlich eine Kettenreaktion: Im außergewöhnlich warmen Sommer 2003 taute ungewöhnlich viel Meereis vor der Küste Grönlands. So habe der gigantische Zachariae-Eisstrom im Nordosten Grönlands, der bislang vom Meereis gebremst worden sei, Fahrt aufnehmen können – verstärkt bröckeln Eisberge ins Meer. „Indirekte Rückkopplungen können die Gletscherschmelze verstärken", folgert Bevis. Beschleunigtes Tauen Grönlands bedrohe in den kommenden Jahrzehnten Hunderte Küstenstädte.

Die Daten aus Grönlands Nordosten, meinen die Forscher, sollten eine Warnung sein.

2 In dem Artikel wird der Klimaforscher Michael Bevis zitiert.
- Unterstreiche seine direkten und indirekten Reden.
- Welche Folgen prognostiziert er bei einer beschleunigten Gletscherschmelze in Grönland?

3 Lies den folgenden satirischen Kommentar aufmerksam. Er bezieht sich auf den Bericht, dass Grönlands Nordosten zu tauen beginnt.

Satrische Kommentare

Satirische Kommentare sind kritische **Meinungsbeiträge** in den Medien, die menschliche Schwächen und gesellschaftliche Missstände aufdecken. Sie arbeiten dabei **indirekt** mit den Mitteln der **Satire**.

Ironie, **Überzeichnung** und **komische Verdrehungen** der Verhältnisse bringen den Leser zum Lachen. Hinter dem Witz versteckt der satirische Kommentar aber **ernsthafte Kritik**, die der Leser erkennen soll.

Tschüs, Lübeck!

Ein Kommentar von Jens-Karl Bochtler, SPIEGEL ONLINE, 20.03.2014

Klimaforschern zufolge werden Istanbul, Havanna und Lübeck bald weg sein. Der Grund: Wasser. In anderen Weltregionen ersehnt und umkämpft, wird es ausgerechnet in Küstenregionen verteufelt. Da kann man wieder sehen, was der Überfluss aus den Menschen macht.

Dabei seien wir doch mal ehrlich: Lübeck, wer braucht das schon? Mittelalterliche, schiefe, halb baufällige Häuser? Liefert der Chinese nicht längst schon viel günstigeres Marzipan[1]? Wann ist von Thomas Mann[2] zuletzt etwas Vernünftiges gekommen?

Fakt ist doch: Die Hamburger werden es nicht mehr so weit zum nächsten Strand haben, zigtausende Autokilometer fallen weg, der Umwelt kommt das zugute. Das senkt dann auch wieder den Meeresspiegel. Ein Nullsummenspiel[3].

Trotzdem jammern die stockkonservativen Lübecker! Weil ihr Altstadthäuschen dann halt mal renoviert werden muss. Na und, sagen wir. Alle Sehenswürdigkeiten werden zu einem großen Teil noch attraktiv aus dem Wasser ragen und per Bootstour ab Pinneberg[4] zugänglich sein. An die Kirchtürme lassen sich Offshore-Windräder montieren. Durch die Zierlöcher in der Rathausmauer hüpfen fröhlich die Delfine.

Nein, wer den Untergang eines überalterten Städtchens beweint, dem fehlt die Perspektive aufs große Ganze. Gewiss wird es hart, renommierte Küstenländer wie Dänemark, Holland oder Italien versinken zu sehen. Aber sehen wir den Tatsachen ins Gesicht: Wenn wir endlich wieder Weltmeister werden wollen, können wir auf Sentimentalitäten keine Rücksicht nehmen.

[1] Lübecker Marzipan ist weltberühmt.
[2] Der berühmte Schriftsteller und Nobelpreisträger stammt aus Lübeck und ist 1955 gestorben.
[3] Spiel, bei dem nichts herauskommt, „... bei dem die Summe der Einsätze, Verluste und Gewinne gleich null ist." (DUDEN)
[4] Stadt bei Hamburg

4 Markiere die These, die am Anfang des Kommentars aufgestellt wird.
Stelle einen Zusammenhang mit dem Bericht „Grönlands Nordosten beginnt zu tauen" her (Seite 16).

_____

_____

5 Ironisch, überzeichnet und verdreht:
a) Beschreibe, wie der Kommentator sich die Folgen des Untergangs für Lübeck ausmalt.

_____

_____

Sach-texte und Medien.

b) Erläutere seine Überlegungen, wie Hamburg und die Umwelt profitieren würden.

_____

_____

_____

c) Erkläre, warum er den Untergang bestimmter Küstenländer wohl nicht beweinen würde.

_____

_____

_____

6 *„Nein, wer den Untergang eines überalterten Städtchens beweint, dem fehlt die Perspektive aufs große Ganze."* Auch das Fazit am Ende des Kommentars ist reine Ironie; das Gegenteil ist gemeint. Ergänze: *Ja, wer den Untergang einer Kulturstadt vor Augen hat und nichts ...*

_____

_____

7 Lies den Text noch einmal und markiere ironisch verwendete Allgemeinplätze, wie z. B.: *Da kann man wieder sehen, was der Überfluss aus den Menschen macht.*

8 **Notiere jeweils ein Beispiel für folgende sprachliche Mittel:**
a) Wir-Form (Pluralis auctoritatis)

_____

b) rhetorische Fragen

_____

c) Umgangssprache

_____

d) bewertende Wörter

_____

e) sprachliche Bilder, Metaphern

_____

9 *Hinter jeder Satire verbirgt sich eine Botschaft.* **Erläutere in eigenen Worten, warum dieser Satz auch für den satirischen Kommentar von Jens-Karl Bochtler gilt.**

_____

_____

→ Gezeichnete Kritik verstehen – Karikaturen auswerten

1

2

Karikaturen

Karikaturen gehören zu den beliebtesten Meinungsbeiträgen in den Medien. Sie sind eine Sonderform des journalistischen Kommentars.
Mit zeichnerischen Mitteln werden gesellschaftliche und politische Missstände oder persönliche Fehler dargestellt und mit Witz, Ironie, Über- und Untertreibung entlarvt. Mit seiner unterhaltsamen, manchmal auch scharfen Kritik fordert der Karikaturist zum Nach- und Umdenken auf.

1 Sieh dir die Karikaturen von Thomas Plaßmann aufmerksam an.

2 Notiere kurz, welches Thema, welches Problem in den Karikaturen dargestellt wird:

Karikatur 1:

_____

_____

_____

3

Karikatur 2:

_____

_____

_____

Karikatur 3:

_____

_____

3 Wähle eine der Karikaturen aus und werte sie aus. Mache dir Notizen zu diesen Leitfragen.
  • Wen oder was nimmt der Karikaturist aufs Korn?
    → Personen, Personengruppen, Verhaltensweisen, Eigenschaften, politische / gesellschaftliche Verhältnisse

_____

_____

- Aus welchen Bildelementen besteht die Karikatur?
  → Szenerie, Situation, Ort, Figuren, Kleidung, Accessoires, besondere Gegenstände / Symbole, Auffälligkeiten

- Welche Informationen kannst du den Textelemente entnehmen?
  → Über- oder Unterschrift, Sprech- oder Gedankenblasen, andere schriftliche Hinweise

- Was will der Karikaturist mit der Karikatur erreichen? Für wen / was ergreift er Partei?
  → problematische Entwicklungen aufzeigen, Kritik üben, zum Nachdenken anregen, Anstoß zu Veränderungen geben

- Wie deutest, bewertest du die Karikatur?
  → Wie wirkt sie auf dich / auf andere? Hältst du die Kritik für berechtigt / überzogen? Welchen Standpunkt vertrittst du?

4 Nutze deine Notizen und schreibe einen interpretierenden Text.
Die Karikatur von … nimmt das Thema / Problem … aufs Korn. Der Untertitel lautet: … Man blickt auf / in … Im Mittelpunkt / Vordergrund der Karikatur steht … Bei den Figuren handelt es sich um … Sie sind gerade dabei … Die / Der eine sagt …, die / der andere entgegnet … Im Hintergrund sieht man … Wichtige Details / Bildsymbole sind … Damit zielt die Karikatur … Mit Witz und Ironie macht uns der Karikaturist aufmerksam … Er kritisiert … Er will den Lesern vor Augen führen, dass etwas getan werden muss, wenn … Mir hat an der Karikatur gefallen / nicht gefallen … Die Kritik des Karikaturisten an … halte ich für gerechtfertigt / dringend erforderlich / überzogen / übertrieben, weil … Ich bin überzeugt davon, … Deshalb fordere ich / appelliere ich / lautet mein Fazit …

5 **Verfasse zu dem Thema einen Kommentar, in dem du deine Argumente äußerst und deinen Standpunkt, deine Forderungen überzeugend vertrittst.
Oder verfasse einen satirischen Kommentar, der das Thema mit den Mitteln der Satire überzeichnet und provokant kritisiert.**

→ Bewerbung: Die Bewerbungsmappe

Attraktiv und mit persönlicher Note!
Viele Ausbildungsbetriebe verlangen in ihren Stellenausschreibungen „vollständige und aussagekräftige" Bewerbungsunterlagen, ein formal korrektes Anschreiben, ein tabellarischer Lebenslauf und Zeugniskopien sind also obligatorisch. Aber du kannst noch ein bisschen mehr tun, um deiner Bewerbung eine persönliche Note zu verleihen, und dich damit von anderen abzuheben. Denn schließlich willst du den Arbeitgeber davon überzeugen, dass genau du der oder die Richtige bist.

Präsentiere deine Bewerbungsunterlagen ansprechend in einer Mappe und füge deinen Unterlagen zwei Seiten hinzu, mit denen du positiv auf dich aufmerksam machen kannst: Gestalte ein attraktives Deckblatt, das zum Weiterlesen einlädt. Und füge Anschreiben und Lebenslauf noch eine sogenannte „Dritte Seite" oder Motivationsseite hinzu, auf der du deine Motivation, Fähigkeiten und Eigenschaften noch einmal überzeugend herausstellst.

Bausteine der Bewerbungsmappe
1. **Deckblatt** – (eventuell mit Foto) mit Kontaktdaten und Stellenbeschreibung
2. **Anschreiben** – nicht länger als eine Seite DIN-A4
   (Das Anschreiben wird nicht eingeheftet, sondern nur lose in oder auf die Mappe gelegt.)
3. **tabellarischer Lebenslauf** – aktuell und mit demselben Datum wie das Anschreiben
4. **Motivationsseite** – Gelegenheit, die eigene Motivation eindrucksvoll zu begründen
5. **Anlagen** – Kopien von Schulzeugnissen, sowie von weiteren Bescheinigungen, die im Zusammenhang mit der Bewerbung relevant sind
6. **Bewerbungsfoto** – zwar kein „Muss", trägt aber sehr zur persönlichen Note bei. Das Porträt sollte nach links, also zum Betrachter hin gewandt sein und ca. 4,5 x 6,5 cm groß sein. Es wird rechts oben auf dem Lebenslauf befestigt oder eingescannt. Ein Porträtfoto auf dem Deckblatt kann größer sein und auch im Format freier gestaltet werden.

1 Markiere die fakultativen (freiwilligen) Bausteine von Bewerbungsmappen. Welche positiven Effekte können damit erzielt werden?

_____

_____

_____

2 Welche „weiteren für die Bewerbung relevanten Bescheinigungen" können als Fotokopien in den Anlagen den Bewerbungsunterlagen hinzugefügt werden? Nenne mögliche Beispiele.

_____

3 Nach welchem Prinzip sollten die Anlagen sinnvollerweise geordnet werden?
   Kreuze an
   - a) Man ordnet die Anlagen alphabetisch, die Zeugnisse kommen an den Schluss.
   - b) Man ordnet alle Anlagen chronologisch, also von alt nach neu.
   - c) Man ordnet nach dem Prinzip „Das Wichtigste zuerst" – zuerst kommen die Zeugnisse und dann folgen weitere Anlagen.

Deckblatt A

PAULA KRÜGER

Pestalozzistraße 2a, 38114 Braunschweig
Tel. 0513 654321, Handy 0171 123456, E-Mail: paula.kruegert@xline.de

Bewerbung um eine Ausbildung zur Fachinformatikerin
Fachrichtung Anwendungsentwicklung
beim Bildungshaus Braunschweig

Deckblatt B

Bewerbung

um einen Ausbildungsplatz
zum Kaufmann für Spedition
und Logistikdienstleistung

Jan-Ulrich Gruber
Celler Str. 32
21335 Lüneburg
Tel.: 04131 / 65 43 21

Anlagen:
· Tabellarischer Lebenslauf
· Meine Motivation
· Abschlusszeugnis
· Zwei Praktikumszeugnisse
· Englischzertifikat

4 Vergleiche die beiden Deckblätter in Bezug auf ihre inhaltlichen Bestandteile, ihre Gestaltungselemente und ihre Wirkung.

Deckblatt A

_____

_____

_____

_____

_____

Deckblatt B

_____

_____

_____

_____

_____

5 Welches Deckblatt würdest du bevorzugen? Begründe deine Entscheidung.

_____

_____

 Tipp:

Nutze den kreativen Spielraum, der dir bei der Anfertigung eines Deckblattes eingeräumt wird.
Gestalte für deine Bewerbungsmappe ein eigenes Decklatt am PC.

→ Bewerbung: Die Motivationsseite

Die Motivationsseite ist eine freiwillige Extraseite bei der Bewerbung, mit der du dich von anderen abheben kannst. Auf dieser sogenannten „Dritten Seite" kannst du erläutern, welche Erfahrungen dir gezeigt haben, dass ein bestimmter Ausbildungsberuf und -betrieb zu dir passen – und warum du umgekehrt davon überzeugt bist, dass du für die Firma der oder die passende Auszubildende bist. Dabei kannst du von Gesprächen mit Fachleuten berichten oder von Erfahrungen, die du in deinen Praktika, beim Jobben oder etwa bei einer ehrenamtlichen Tätigkeit in einem Verein gemacht hast.
Keine Sorge, dein Text darf kurz sein. – Maximal 15 Zeilen sollten dir reichen, um deine Botschaft auf den Punkt zu bringen, zum Beispiel so.

Das spricht für mich:

- Eine Betriebserkundung mit der Schule hat mich überzeugt, dass ich meine Ausbildung in Ihrem Betrieb machen möchte.
- Ich kenne die Anforderungen und Tätigkeiten des Berufes *Gestalter für visuelles Marketing* durch verschiedene Praktika.
- Meine Lieblingsfächer in der Schule sind Technisches Werken, Kunst und Englisch.
- Ich verfüge über handwerkliches Geschick, habe kreative Ideen und arbeite gern im Team. Das zeigen die Erfahrungen, die ich bei ehrenamtlichen Tätigkeiten für unseren örtlichen Karnevalverein gesammelt habe.

Gerne möchte ich diese Eigenschaften bei meiner Ausbildung in Ihrer Firma einsetzen und weiterentwickeln.

Ich freue mich darauf!

Handorf, 24.6.2014

Lenn Reimers

---

1 Versetze dich in die Rolle eines Personalchefs.
Welche Pluspunkte kann der Bewerber mit seiner Motivationsseite bei dir sammeln?

_____

_____

_____

2 Mit welchen Erfahrungen und persönlichen Stärken (Soft und Hard Skills) argumentiert der Bewerber?

_____

_____

_____

Sach-texte und Medien

3 Notiere Formulierungen, die auf das persönliche und das emotionale Engagement des Bewerbers hinweisen.

_____

_____

4 Weitere mögliche Überschriften für eine Motivationsseite sind z. B.:
Meine Motivation – Ich über mich – Zu meiner Person – Was Sie sonst noch über mich wissen sollten
Schreibe eine Überschrift auf, die dir gefallen könnte.

_____

5 Welche Text- und Gestaltungselemente weist der Text außer der Überschrift noch auf?

_____

_____

6 Verfasse eine eigene **Motivationsseite** zu einer von dir bevorzugten Ausbildungsstelle.
Dazu kannst du das Muster auf Seite 23 nutzen – oder aber auch eigene kreative Ideen entwickeln.

Tipp:
Schreibe deinen Text hier vor und gestalte ihn dann am PC.

_____

_____

_____

_____

_____

_____

_____

_____

_____

_____

_____

→ Inhaltsangabe

Herrn Morphs Konsequenz

Johanna und Günter Braun

Als Herr Morph am Abend die dreitausendfünfhundert Mark vermisste, die er am Tag zuvor geholt und in seinen Schreibtisch gelegt hatte, fragte er seine Frau, ob sie das Geld woanders hingelegt habe.

Sie hatte es nicht, und daraus schlussfolgerte Morph, dass ihm das Geld gestohlen war. Er fragte Frau Morph, ob sie Wilfried Naumann, seinen Freund, der, als Morph noch nicht von der Arbeit zurück war, ein Buch zurückgebracht hatte, einen Augenblick allein gelassen habe.

Ja, sagte sie, um ihm einen Kaffee zu bereiten.

Dann hat er das Geld gestohlen, sagte Morph.

Das kannst du nicht ohne Weiteres behaupten.

Es ergibt sich logisch, sagte Morph.

Vielleicht war es ein Einbrecher, sagte sie.

Wir waren die Nacht zu Hause, und es war alles verschlossen. Es gibt nicht die geringsten Spuren eines Einbruchs. Es bleibt nur Freund Naumann übrig.

Unmöglich, er ist unser Freund, sagte Frau Morph.

Es hat sich gezeigt, dass er nicht unser Freund ist, sagte Morph. Ich fahre jetzt zu ihm und hole das Geld.

Naumann war empört, als Morph ihm unterstellte, das Geld genommen zu haben. Er versicherte, es nicht genommen zu haben, er beschwor es. Und argumentierte damit, dass er einen Freund nicht bestehlen werde.

Das behaupten falsche Freunde oft, sagte ungerührt Morph, gib das Geld heraus.

Ich habe es nicht, sagte der Freund.

Es wäre wenigstens ein kleiner Freundschaftsdienst, ein Rest von Freundschaft, wenn du es mir jetzt geben würdest.

Ich kann nicht geben, was ich nicht habe.

Damit erkläre ich unsere Freundschaft für beendet, sagte Morph und verließ den Freund.

Dann fand Morph in seinem Schreibtisch das Geld. Er hatte es zu gut versteckt, zwischen die Seiten seines Tagebuchs siebenmal einen Fünfhundertmarkschein gelegt, sodass es nicht auffiel.

Kurz darauf brachte der Sohn des Freundes einen Umschlag mit dreitausendfünfhundert Mark. Unserer Freundschaft zuliebe, schrieb der Freund, damit sie erhalten bleibt, schicke ich dir das Geld, auch wenn ich, was ich hiermit noch einmal beschwöre, es nicht genommen habe.

Morph schickte das Geld zurück und schrieb dazu: Es bleibt dabei, unsere Freundschaft ist beendet. Ich habe das Geld gefunden. Damit ist bewiesen, dass ich der Freundschaft nicht wert bin.

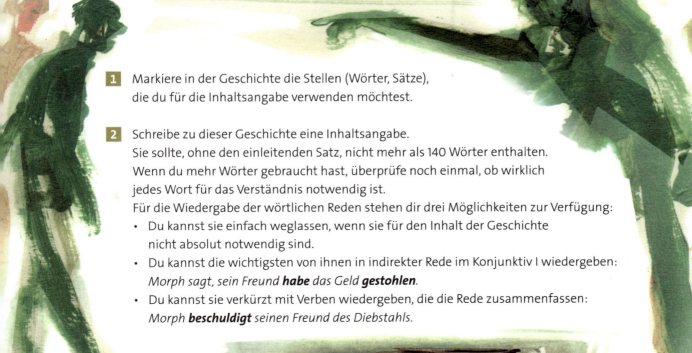

1 Markiere in der Geschichte die Stellen (Wörter, Sätze), die du für die Inhaltsangabe verwenden möchtest.

2 Schreibe zu dieser Geschichte eine Inhaltsangabe.
Sie sollte, ohne den einleitenden Satz, nicht mehr als 140 Wörter enthalten.
Wenn du mehr Wörter gebraucht hast, überprüfe noch einmal, ob wirklich jedes Wort für das Verständnis notwendig ist.
Für die Wiedergabe der wörtlichen Reden stehen dir drei Möglichkeiten zur Verfügung:
- Du kannst sie einfach weglassen, wenn sie für den Inhalt der Geschichte nicht absolut notwendig sind.
- Du kannst die wichtigsten von ihnen in indirekter Rede im Konjunktiv I wiedergeben:
*Morph sagt, sein Freund **habe** das Geld **gestohlen**.*
- Du kannst sie verkürzt mit Verben wiedergeben, die die Rede zusammenfassen:
*Morph **beschuldigt** seinen Freund des Diebstahls.*

Die folgenden **redezusammenfassenden Verben** können dir bei dieser Inhaltsangabe helfen:

aufkündigen (Freundschaft) *beschwören* *glauben* *hinweisen (auf)*
beharren (auf Meinung) *erbitten* *halten (für)* *verweigern*
beschuldigen *erklären (für beendet)*

Inhaltsangabe zu: „Herrn Morphs Konsequenz" von Johanna und Günter Braun

Die _____ Geschichte _____ von _____

erzählt von einem Mann, der _____
_____

Von hier an Wörter zählen!

Herr Morph vermisst eines Tages _____
_____

Er beschuldigt _____
_____
_____

Frau Morph _____
_____

Herr Morph fährt _____
_____
_____
_____

Zu Hause _____
_____
_____

Kurz darauf bringt der Sohn _____
_____

Herr Morph _____
_____

→ Dialektische Erörterung: Informationen entnehmen, Argumente gewinnen

Text 1

Deutsche wollen Verbot von Plastiktüten

Umweltschützer erhalten für ihren Kampf gegen den Plastikmüll in der Bevölkerung große Zustimmung. In einer Umfrage fordern die Deutschen mit großer Mehrheit das Aus der umweltfeindlichen Beutel. 69% der Deutschen sprechen sich in einer Umfrage für die Zeitschrift *stern* dafür aus, Plastiktüten komplett zu verbieten. Nur 29% sind dagegen. In einigen Ländern, darunter Frankreich, Ruanda und Bangladesch, sind Plastiktüten bereits ganz verboten.

1 Wie stehst du zu einem Verbot von Plastiktüten?

_____

2 Beurteile das Ergebnis der Umfrage.

_____

_____

3 Erschließe dir die folgenden Zeitungstexte. Unterstreiche beim ersten Lesen Personen und Institutionen, die zu Wort kommen. Welche Interessen verfolgen sie? Welche Standpunkte vertreten sie? Mache dir Notizen am Rand.

Text 2

Streit um Plastiktüten: Die Tütchenfrage
Nach Ralf Nestler

Loses Gemüse im Supermarkt: ab in den Kunststoffbeutel. Ein Paar Socken im Kaufhaus: wieder ein Beutel. Drei Limos und Kekse im Spätkauf: noch ein Beutel. Das wird es bald nicht mehr geben, zumindest wenn es nach dem EU-Umweltkommissar Janez Potocnik geht. Er will gegen den Plastikmüll vorgehen und den europäischen Ländern erlauben, leichte Plastiktüten zu verbieten.

Potocnik wie auch zahlreiche Umweltorganisationen begründen ihren Kampf gegen Plastiktüten mit den Umweltschäden, die diese hervorrufen. Die Beutel finden sich überall in der Landschaft oder an Küsten, besonders dort, wo sie in großer Zahl eingesetzt und nicht fachgerecht entsorgt werden. In den größeren Tüten können sich Tiere verfangen. Kleinere Stücke, die bei der Verwitterung entstehen, werden mitunter für Nahrung gehalten und gefressen. Nicht zuletzt erfordert die Herstellung der Beutel Erdöl, das gewonnen und verarbeitet werden muss.

„In Deutschland sind die Tüten nicht das Hauptproblem", sagt Michael Angrick vom Umweltbundesamt (UBA). Tatsäch-

mögliches Verbot von leichten

Plastiktüten in der EU

lich belegt Deutschland mit einem Pro-Kopf-Verbrauch von 71 Plastiktüten im Jahr 2011 einen der letzten Plätze in der EU-Statistik, rechnet das UBA vor. Im Schnitt sind es 198 Stück, Spitzenreiter ist Bulgarien mit 421 Beuteln.

Bekannt ist, dass hierzulande jährlich rund 70 000 Tonnen Kunststoff in Form von Plastiktüten verbraucht werden, das sind gut 800 Gramm pro Person. Allerdings ist weder die genaue Recyclingquote bekannt noch der Anteil der nun umstrittenen dünnwandigen Tüten. Ein Verbot will Angrick nicht. Aber er will die Anzahl schrumpfen sehen, durch eine Abgabe. „In Supermärkten muss man oft für Kunststoffbeutel bezahlen, das sollte auch für Bekleidungsgeschäfte oder Elektronikläden gelten", sagt er. Und auch für die dünnen Tütchen am Gemüsestand. „Bei sensiblen Früchten wie Erdbeeren sind die Tüten natürlich hilfreich", sagt er. „Aber Äpfel kann man auch lose kaufen und in der mitgebrachten Tasche nach Hause transportieren."

Weg von kostenlosen Tüten, das ist auch die Strategie der Deutschen Umwelthilfe (DUH). „In Irland kosten sie 22 Cent, daraufhin ging der Pro-Kopf-Verbrauch von 328 im Jahr auf 16 zurück", sagt Thomas Fischer von der DUH. Er setzt vor allem auf die Mehrfachnutzung: etwa faltbare Polyesterbeutel oder große Kunststofftaschen, die am besten aus recycelten PET-Flaschen hergestellt werden und die abwischbar sind: ein wichtiger Aspekt beim Transport von Lebensmitteln. Untersuchungen aus den USA haben gezeigt, dass viele Stoffbeutel von Kunden mit gefährlichen Bakterien besiedelt waren. Dagegen hilft nur regelmäßiges Waschen. Laut DUH ist der Umwelteffekt von Stoffbeuteln schlechter als ihr Image. Sie müssen mindestens siebenmal häufiger benutzt werden als die erdölbasierten Kunststoffbeutel, um eine bessere Ökobilanz aufzuweisen. Bezieht man die gesamte Herstellung bei der Ökobilanz ein, schneiden auch Papiertüten und Tüten aus biologisch abbaubaren Kunststoffen schlechter als die „Erdöltüte" ab. Ganz so einfach ist es also doch nicht mit der Plastiktüte.

Text 3

Kampf gegen die Plastik-Plage
Nach Stefan Kaufmann

„Plastiktüten sind ein Symbol unserer Wegwerfgesellschaft. Jedes Jahr landen mehr als acht Milliarden Plastiktüten in Europa im Müll", sagt EU-Umweltkommissar Janez Potocnik. Deshalb setzt er sich für ein Verbot von leichten Plastiktüten ein. Hinter dem Anti-Plastiktüten-Aktionsplan der EU steckt der Versuch, die Vermüllung der Ozeane in den Griff zu bekommen. Denn viele Tüten enden statt in Müll- und Recyclinganlagen in der Natur und gelangen über Flüsse ins Meer. Das verursacht enorme Umweltschäden. Auf den Ozeanen treiben riesige Plastikstrudel. Rund zehn Millionen Tonnen Müll gelangen nach Angaben des Bundes für Umwelt und Naturschutz Deutschland

(BUND) pro Jahr in die Weltmeere, drei Viertel davon ist Plastik. Das Material ist langlebig – Experten gehen von bis zu 450 Jahren aus, bis es verrottet ist.

Beim Industrieverband Papier- und Folienverpackung (IPV) hält man allerdings wenig von Potocniks Anti-Plastiktüten-Aktionsplan. „Für Deutschland ist das völliger Unsinn, wir haben hier kein Problem mit Plastiktüten", sagt Bernhard Sprockamp vom IPV gegenüber *Handelsblatt Online*. „Wir sehen daher auch keinen Handlungsbedarf." Zumal laut Verband der Anteil der Kunststoff-Tragetaschen an den gesamten Kunststoff-Verpackungen in Deutschland unter drei Prozent liegt. Es sei daher falsch, die Plastiktüten als Verursacher für die Verschmutzung der Landschaft und Weltmeere zu bezeichnen. In Wirklichkeit setze sich der Kunststoff-Strudel aus einer Vielzahl verschiedenster Kunststoffprodukte von landwirtschaftlichen Folien, Essensverpackungen und PET-Einwegflaschen zusammen. „Außerdem ist die Tragetasche in Deutschland – anders als häufig vermutet – kein Einwegprodukt", sagt Sprockamp. In den meisten Haushalten gebe es eine Sammlung von Tüten, die bei Bedarf zu Sport, Freizeit oder Einkauf wiederverwendet werden. Die letzte Verwendung finde oft als Müllsack statt.

4 **„Sollten Plastiktüten verboten werden?"**
Markiere in den Zeitungsberichten Informationen, die du für mögliche Pro- und Contra-Argumente sowie als passende Beispiele nutzen kannst. Verwende zwei verschiedene Farben.

5 Formuliere nun deine Pro- und Contra-Argumente und trage sie in die Tabelle ein.

Pro: **Plastiktüten sollten verboten werden.**	**Contra:** **Plastiktüten sollten nicht verboten werden.**

Schreiben und Präsentieren

→ Dialektische Erörterung: Eine Gliederung nach dem Sanduhrprinzip

M

Das Sanduhrprinzip

Beim Sanduhrprinzip werden aus dem Erörterungsthema eine **Pro-These** und eine **Contra-These** abgeleitet.

Im Hauptteil der Erörterung beginnt man als Erstes mit der These, die man im Schlussteil **nicht** vertreten will. Gestützt wird diese These mit **Argumenten**, die man in fallender Reihenfolge von stark bis schwach gewichtet.

Mit dem sogenannten **Drehpunkt** wendet man sich der These zu, die man letztlich vertreten möchte.

Diese zweite These wird mit Argumenten gestützt, die man steigernd ordnet: **von wichtig, noch wichtiger, am wichtigsten.** Das für den eigenen Standpunkt **ausschlaggebende** Argument wird also als **letztes** angeführt.

1 Schreibe eine Gliederung zum Thema **„Sollten Plastiktüten verboten werden?"** in das folgende Raster.
- Nutze dazu die Pro- und Contra-Argumente aus deiner Tabelle, die Textinformationen (Seite 27–29) sowie eigene Erfahrungen und Beobachtungen.
- Baue die Gliederung nach dem **Sanduhrprinzip** auf. Beachte, dass du im Hauptteil als Erstes die These formulieren musst, die du im Schlussteil **nicht** vertreten willst.

Raster für eine Gliederung nach dem Sanduhrprinzip

Thema: Sollten Plastiktüten verboten werden?

1   Einleitung

(Vorstellen der Sache, des Themas) _____

_____

_____

(Infragestellen des Themas, offene Überleitung zum Hauptteil) _____

_____

_____

2   Hauptteil

2.1 _____ -These: _____

_____

„Sanduhr-Prinzip"

> **Einleitung**
> ↓
> **1. These**
> Argument 1
> ↓
> Argument 2
> ↓
> Argument 3
> ↓
> **Dreh-punkt**
> ↓
> **2. These**
> Argument 1
> ↓
> Argument 2
> ↓
> Argument 3
> ↓
> ...
> **wichtigstes Argument**
> ↓
> **Synthese**
> begründetes Ergebnis

2.1.1 (sehr wichtiges) Argument: _____

_____

Begründung: _____

_____

Beispiel: _____

_____

2.1.2 (wichtiges) Argument: _____

_____

Begründung: _____

_____

Beispiel: _____

_____

2.1.3 (weniger wichtiges) Argument: _____

_____

Begründung: _____

_____

Beispiel: _____

_____

2.2 Drehpunkt

2.3 _____-These: _____

_____

2.3.1 (wichtiges) Argument: _____

_____

Begründung: _____

_____

Beispiel: _____

_____

2.3.2 (sehr wichtiges) Argument: _____

_____

Begründung: _____

_____

Beispiel: _____

_____

2.3.3 (ausschlaggebendes) Argument: _____

_____

Begründung: _____

_____

Beispiel: _____

_____

3 Schluss

Synthese (Abwägen von Vor- und Nachteilen): _____

_____

_____

_____

Fazit (eigene Stellungnahme, Konsequenzen und Forderungen): _____

_____

_____

_____

_____

_____

_____

→ Dialektische Erörterung: Eine Gliederung nach dem Reißverschlussprinzip

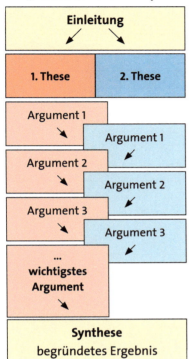

"Reißverschluss-Prinzip"

Das Reißverschlussprinzip

Beim **Reißverschlussprinzip** wird aus dem Erörterungsthema eine **Pro-These** und eine **Contra-These** abgeleitet. Im **Hauptteil** werden die **Argumente** der Pro- und Contra-These in direktem Wechsel einander **gegenübergestellt**. Insgesamt können die Argumente nach ihrer Bedeutung steigernd **von eher schwach bis stark** geordnet werden. Das **wichtigste Argument**, das entscheidend die These stützt, die im Schlussteil letztlich vertreten wird, setzt man an die **letzte Stelle**.

1 Schreibe eine Gliederung zum Thema „Sollten Plastiktüten verboten werden?" in das folgende Raster.
- Nutze dazu die Pro- und Contra-Argumente aus deiner Tabelle, die Textinformationen (Seite 27–29) sowie eigene Erfahrungen und Beobachtungen.
- Baue die Gliederung nach dem **Reißverschlussprinzip** auf. Beachte, dass du im **Hauptteil** als letztes das wichtigste Argument zu der These formulierst, die du im Schlussteil vertrittst.

Raster für eine Gliederung nach dem Reißverschlussprinzip

Thema: Sollten Plastiktüten verboten werden?

1 Einleitung

(Vorstellen der Sache, des Themas) _____

_____

_____

(Infragestellen des Themas, offene Überleitung zum Hauptteil) _____

_____

_____

2 Hauptteil

2.1 (Gegenüberstellung von) Pro- und Contra-These: _____

_____

_____

2.1.1 (weniger wichtiges) Argument der _____-These: _____

_____

Begründung: _____

_____

Beispiel: _____

_____

2.1.2 (weniger wichtiges) Argument der _____-These: _____

_____

Begründung: _____

_____

Beispiel: _____

_____

2.1.3 (wichtiges) Argument der _____-These: _____

_____

Begründung: _____

_____

Beispiel: _____

_____

2.1.4 (wichtiges) Argument der _____-These: _____

•

_____

Begründung: _____

_____

Beispiel: _____

_____

2.1.5 (sehr wichtiges) Argument der _____-These: _____

_____

Begründung: _____

Beispiel:_____

_____

2.1.6 (sehr wichtiges) Argument der _____-These: _____

_____

Begründung: _____ .

_____

Beispiel: _____

_____

2.1.7 (wichtigstes, ausschlaggebendes) Argument der _____-These: _____

_____

Begründung: _____

_____

Beispiel: _____

_____

3   Schluss

Synthese (Abwägen von Vor- und Nachteilen): _____

_____

_____

_____

Fazit (eigene Stellungnahme, Konsequenzen und Forderungen): _____

_____

_____

_____

_____

_____

→ Dialektische Erörterung: Wiederholen – Vertiefen – Üben

Die Arbeit an der folgenden Erörterung, die nach dem Sanduhrprinzip aufgebaut ist, soll dir helfen, wichtige Aspekte für das Schreiben von Erörterungen zu wiederholen und zu üben. Außerdem bietet dir der Text Formulierungshilfen und inhaltliche Anregungen, wenn du deine eigene Erörterung schreibst, egal, ob du sie nach dem Reißverschlussprinzip aufbaust oder nach dem Sanduhrprinzip.
Die Aufgaben stehen Abschnitt für Abschnitt am Rand.

Sollten Plastiktüten verboten werden?

Kunststoffbeutel sind im Alltag allgegenwärtig, egal, ob als leichte Tragetasche beim Einkaufen, als Mülltüte oder als Frühstücksbeutel fürs Pausenbrot. Sie sind praktisch, hygienisch und immer schnell zur Hand. Nun hat die EU einen Anti-Plastiktüten-Aktionsplan aufgelegt und will leichte Plastiktüten verbieten lassen. Und in einer Umfrage der Zeitschrift *stern* …

_____

_____

_____

Ist aber ein Verbot der Kunststoffbeutel wirklich sinnvoll?

Das wichtigste Argument gegen ein Verbot von Plastiktüten ist sicherlich, dass „in Deutschland die Tüten nicht das Hauptproblem" sind, wie Michael Angrick vom Umweltbundesamt (UBA) zu bedenken gibt. Deutschland belege mit einem Pro-Kopf-Verbrauch von 71 Plastiktüten im Jahr 2011 einen der letzten Plätze in der EU-Statistik. Im Schnitt seien es 198 Stück, Spitzenreiter sei Bulgarien mit 421 Beuteln. Nach Angaben des Industrieverbandes Papier- und Folienverpackungen (IPV) liegt der Anteil …

_____

_____

_____

Auch mir hat ein Blick in die gelbe Tonne bestätigt, dass sich zwischen dem ganzen Verpackungsmüll tatsächlich nur wenige Einkaufstüten befinden.

Einleitung

1 Unterstreiche Schlüsselbegriffe zur **Sache** und zum **Thema**.

- Ergänze die **Einleitung** (Informationen, siehe Seite 27).

- Markiere die **Themenfrage**, die offen zum **Hauptteil** überleitet.

Hauptteil

2 Markiere die Formulierung, die das **erste Contra-Argument** gewichtet.

- Unterstreiche die indirekte Rede.

- Ergänze die **Begründung** (Informationen, siehe Seite 28–29).

- Unterstreiche das **Beispiel**.

Es gibt ein weiteres wichtiges Argument, das man nicht außer Acht lassen darf. Kunststofftüten sind besser als ihr Ruf. Sie sind recycelbar und haben keinen schlechteren Umwelteffekt als beispielsweise Stoffbeutel. Laut Deutscher Umwelthilfe (DUH) müssten Stoffbeutel ...

3 Markiere die Formulierung, die das **zweite Contra-Argument** gewichtet.
- Unterstreiche das **Argument** und die **Begründung**.
- Ergänze die **Erläuterung des Beispiels** (Informationen, siehe Seite 27–28).

Beziehe man die gesamte Herstellung bei der Ökobilanz ein, schnitten auch Papiertüten und Tüten aus biologisch abbaubaren Kunststoffen schlechter als die „Erdöltüte" ab. Recycelte Plastiktüten können den Rohstoff für viele nützliche Dinge liefern, wie zum Beispiel Tiefkühldosen oder Textilien. Beispielsweise besteht meine Lieblingsjacke zu 100 Prozent aus recyceltem Kunststoffmaterial.

- Unterstreiche die indirekte Rede.

- Unterstreiche weitere **Beispiele**.

Außerdem sollte man auch nicht vergessen, dass sich viele Menschen durch ein Verbot bevormundet fühlen, weil ...

4 Markiere die Formulierung, die das **dritte Contra-Argument** gewichtet.
- Unterstreiche das **Argument**.
- Nutze die Stichwörter, um das Argument mit **Begründung** und **Beispielen** vollständig zu entfalten:

- *Meinung*
- *Staat mischt sich zu sehr ein*
- *persönliche Belange von mündigen Bürger und Bürgerinnen*
- *viele Leute in Deutschland umweltbewusst*
- *trennen Müll, beim Einkaufen eine Tasche dabei*
- *verzichten freiwillig auf Plastikbeutel*
- *ohne Tütenverbot*

Schreiben und Präsentieren

Aber ist ein Verbot von Plastiktüten wirklich notwendig, wenn doch so viele Menschen bereits umweltbewusst handeln?

Für ein Verbot spricht, dass immer noch zu wenige Leute freiwillig auf die praktischen Tüten verzichten. Denn jeder EU-Bürger verbraucht im Schnitt pro Kopf 198 Plastiktüten im Jahr, in Bulgarien sind es sogar 421 Beutel. Aber das Beispiel Irland zeigt, dass die Konsumenten durchaus auf Plastiktüten verzichten können, wenn kostenlose Tüten nicht mehr zur Verfügung stehen. Thomas Fischer …

_____
_____
_____

Ein sehr wichtiges Argument ist auch, dass die Plastiktüten meist unnötig sind. Denn als Verbraucher kann man leicht darauf verzichten, wenn man eine Tasche, einen Korb oder Rucksack dabei hat, in denen die Einkäufe sicher verstaut werden können. Natürlich gibt es gerade bei Lebensmitteln Ausnahmen, wo Plastiktütchen einfach hygienischer sind. Dass die aber eher selten sind, darauf weist Michael Angrik vom Umweltbundesamt (UBA) hin. Bei sensiblen Früchten …

_____
_____
_____
_____

Das für mich wichtigste Argument für ein Verbot ist die enorme weltweite Umweltverschmutzung durch Plastikmüll und damit auch durch Kunststofftüten. Denn auch bei uns landen längst nicht alle Plastiktüten im Recycling, sondern werden achtlos weggeworfen.

_____
_____
_____
_____
_____

Drehpunkt

5 Markiere die **Überleitung** zu den Argumenten der **Pro-These**.
- Unterstreiche das **erste Pro-Argument** und die **Begründung.**

- Ergänze das **Beispiel** mit Zahlen und Fakten. Zitiere wörtlich (siehe Seite 27–28).

6 Markiere die Gewichtung des **zweiten Pro-Argumentes**.
- Unterstreiche das **Argument** und die **Begründung**.

- Ergänze das indirekte Zitat. Gib es verkürzt in indirekter Rede wieder (siehe Seite 27–28).

7 Markiere die Formulierung, die das **dritte Pro-Argument** gewichtet.
- Unterstreiche das **Argument** und die **Begründung**.
- Entfalte das **Argument** mit weiteren **Erläuterungen** und **Beispielen**. Nutze folgende Stichwörter:

- *Plastiktüten auf Rastplätzen, im Wald*
- *Verrottung bis zu 450 Jahre*
- *im Meer riesige Müllstrudel*
- *vergiften Wasser, tödliche Gefahr für Tiere*

Schluss

8 Schreibe nun selbstständig einen **Schlussteil**. Nutze folgende Formulierungshilfen:

Wenn ich nun Pro und Contra abwäge, überwiegen für mich die Vorteile / Nachteile …
Ich befürworte / lehne es ab, …
Denn entscheidend ist für mich …
Ich persönlich werde …
Natürlich will ich die Gegenargumente nicht ganz von der Hand weisen. So räume ich ein …
Allerdings sollten dann …
Obwohl ich akzeptiere, dass es manchmal …, steht meine Meinung grundsätzlich fest: Plastiktüten sollten … , weil …

9 *Sollten Plastiktüten verboten werden?* Schreibe anhand deiner Gliederung (Seite **30–32** oder **33–35**) nun eine eigene Erörterung. Dabei kannst du ab und zu einen Blick auf die obenstehende Erörterung werfen und einige Sätze, Zitate, Beispiele in deinen Text übernehmen.
- **Verfasse eine dialektische Erörterung nach dem Sanduhrprinzip.**
- **Verfasse eine dialektische Erörterung nach dem Reißverschlussprinzip.**

→ Eine literarische Figur charakterisieren

Charakterisierung

Die Charakterisierung ist gleichzeitig ein beschreibender und ein interpretierender Text, der den Lesern eine literarische Figur umfassend vorstellt. Sie orientiert sich an aussagekräftigen Textstellen, in denen ...
- andere Figuren etwas über die zu charakterisierende Figur sagen.
- wichtige Wesensmerkmale der Figur durch ihr Handeln deutlich werden.
- die Figur selbst in inneren Monologen oder in wörtlicher Rede etwas über ihre Gedanken, Gefühle und Motive sagt.

Lehrer Can (Max Frisch: Andorra)

Eine der zentralen Figuren in Max Frischs Drama „Andorra" ist Lehrer Can. Um eine Charakterisierung über Can schreiben zu können, sind einige Vorarbeiten notwendig. Zunächst musst du wissen, was Lehrer Can für ein Mensch ist.

1 Hier findest du **acht Originaltextstellen** aus Max Frischs Drama. In jeder dieser Szenen tritt Lehrer Can auf. Verschaffe dir mit Hilfe der Originaltexte einen Überblick über Cans Lebenssituation, seine Probleme, seinen Umgang mit anderen Figuren und seinen Charakter.

Tipp:
Markiere bereits beim ersten Lesen in den Originalszenen Textstellen, die dir wichtig erscheinen und die du später als **Zitate** für deine Charakterisierung nutzen möchtest.

Acht Originaltextauszüge zu Lehrer Can:

Da Lehrer Can seine soziale Stellung in Andorra nicht gefährden wollte, hat er seine frühere Liebesbeziehung zu der Senora aus dem Nachbarstaat der Schwarzen verheimlicht. Den gemeinsamen Sohn Andri nimmt er nach der Trennung mit nach Andorra und gibt ihn dort als Judenkind aus, das er angeblich vor den faschistischen Schwarzen gerettet hat. In Andorra heiratet Can und adoptiert Andri. Um seinem „Adoptivsohn" seinen Traumberuf zu ermöglichen, tut er alles ...

Erstes Bild

[...]
LEHRER: 50 Pfund?
TISCHLER: Ich feilsche nicht.
LEHRER: Sie sind ein feiner Mann, ich weiß ...
5 Prader, das ist Wucher, 50 Pfund für eine Tischlerlehre, das ist Wucher. Das ist ein Witz, Prader, das wissen Sie ganz genau. Ich bin Lehrer, ich habe mein schlichtes Gehalt, ich habe kein Vermögen wie ein Tischlermeister – ich habe keine 50 Pfund,
10 ganz rundheraus, ich hab sie nicht!
TISCHLER: Dann eben nicht.
[...]
WIRT: 50 Pfund will er?
LEHRER: – ich werde sie beschaffen.
15 WIRT: Aber wie?
LEHRER: Irgendwie.
Der Lehrer kippt den Schnaps.
Land verkaufen.
[...]

Dem wachsenden Antisemitismus in Andorra tritt Can mutig entgegen. Dabei schreckt er auch nicht vor dem neuen Amtsarzt Doktor Ferrer zurück. Als der Doktor Andri untersucht und dabei die Juden verunglimpft, passiert Folgendes:

Viertes Bild

20 *Stube beim Lehrer [...]*
[...]
MUTTER: Reg dich nicht auf!
LEHRER: Wie kommt diese Existenz in mein
Haus?
25 MUTTER: Es ist der neue Amtsarzt.
Eintritt nochmals der Doktor.
DOKTOR: Er soll die Pillen trotzdem nehmen.
Der Doktor zieht den Hut ab.
Bitte um Entschuldigung.
30 *Der Doktor setzt den Hut wieder auf.*
Was hab ich denn gesagt ... bloß weil ich gesagt
habe ... im Spaß natürlich, sie verstehen keinen
Spaß, das sag ich ja, hat man je einen Juden getrof-
fen, der Spaß versteht? Also ich nicht ... dabei hab
35 ich bloß gesagt: Ich kenne den Jud. Die Wahrheit
wird man in Andorra wohl noch sagen dürfen ...
LEHRER: *schweigt.*
DOKTOR: Wo hab ich jetzt meinen Hut?
LEHRER: *tritt zum Doktor, nimmt ihm den Hut vom*
40 *Kopf, öffnet die Türe und wirft den Hut hinaus.*
Dort ist Ihr Hut!
Der Doktor geht.
[...]
LEHRER: Wenn dieser Herr, der neuerdings unser
45 Amtsarzt ist, noch einmal sein dummes Maul auf-
tut, dieser Akademiker, dieser verkrachte, dieser
Schmugglersohn – ich hab auch geschmuggelt, ja,
wie jeder Andorraner: aber keine Titel! – dann,
sage ich, fliegt er selbst die Treppe hinunter, und
50 zwar persönlich, nicht bloß sein Hut. *Zur Mutter:*
Ich fürchte sie nicht! [...]

*Mit seiner Frau hat Can eine Tochter namens
Barblin. Andri und Barblin wachsen zusammen
auf, ohne zu ahnen, dass sie blutsverwandte Halb-
geschwister sind. Sie verlieben sich und möchten
heiraten ...*

Viertes Bild

Stube beim Lehrer. [...]
[...]
ANDRI: Ich bitte dich, Vater, um die Hand deiner
55 Tochter.
LEHRER: *erhebt sich wie ein Verurteilter.*
MUTTER: Ich hab das kommen sehen, Can.
LEHRER: Schweig!
MUTTER: Deswegen brauchst du das Brot nicht
60 fallen zu lassen.
Die Mutter nimmt das Brot vom Boden.
Sie lieben einander.

LEHRER: Schweig!
Schweigen
65 ANDRI: Es ist aber so, Vater, wir lieben einander.
Davon zu reden ist schwierig. Seit der grünen
Kammer, als wir Kinder waren, reden wir vom
Heiraten. In der Schule schämten wir uns, weil alle
uns auslachten: Das geht ja nicht, sagten sie, weil
70 wir Bruder und Schwester sind! Einmal wollten wir
uns vergiften, weil wir Bruder und Schwester sind,
mit Tollkirschen, aber es war Winter, es gab keine
Tollkirschen. Und wir haben geweint, bis Mutter
es gemerkt hat – bis du gekommen bist, Mutter, du
75 hast uns getröstet und gesagt, dass wir gar nicht
Bruder und Schwester sind. Und diese ganze Geschichte, wie Vater mich über die Grenze gerettet
hat, weil ich Jud bin. Da war ich froh drum und
sagte es ihnen in der Schule und überall. Seither
80 schlafen wir nicht mehr in der gleichen Kammer,
wir sind ja keine Kinder mehr.
Der Lehrer schweigt wie versteinert.
Es ist Zeit, Vater, dass wir heiraten.
LEHRER: Andri, das geht nicht.
85 MUTTER: Wieso nicht?
LEHRER: Weil es nicht geht!
[...]
MUTTER: Warum sagst du nein?
LEHRER: schweigt.
90 ANDRI: Weil ich Jud bin.
LEHRER: Andri –
ANDRI: So sagt es doch.
LEHRER: Jud! Jud!
ANDRI: Das ist es doch.
95 LEHRER: Jud! Jedes dritte Wort, kein Tag vergeht,
jedes zweite Wort, kein Tag ohne Jud, keine Nacht
ohne Jud, ich höre Jud, wenn einer schnarcht, Jud,
Jud, kein Witz ohne Jud, kein Geschäft ohne Jud,
kein Fluch ohne Jud, ich höre Jud, wo keiner ist,
100 Jud und Jud und nochmals Jud, die Kinder spielen
Jud, wenn ich den Rücken drehe, jeder plappert's
nach, die Pferde wiehern in den Gassen: Juuuud,
Juud, Jud ...
MUTTER: Du übertreibst.
105 LEHRER: Gibt es denn keine anderen Gründe
mehr?!
MUTTER: Dann sag sie.
LEHRER: schweigt, dann nimmt er seinen Hut.
MUTTER: Wohin?
110 LEHRER: Wo ich meine Ruh hab.
Er geht und knallt die Tür zu.
MUTTER: Jetzt trinkt er wieder bis Mitternacht.
Andri geht langsam nach der andern Seite.
MUTTER: Andri? – Jetzt sind alle auseinander.

Mehrmals nimmt Can sich vor, Andri nach all den Jahren endlich doch die Wahrheit zu sagen. Aber ...

Fünftes Bild

Platz von Andorra, der Lehrer sitzt allein vor der Pinte [...]
[...]
WIRT: Was gibt's Neues?
LEHRER: Noch ein Schnaps. *Der Wirt geht.*
LEHRER: »Weil ich Jud bin!« *Jetzt kippt er den Schnaps.*
Einmal werd ich die Wahrheit sagen – das meint man, aber die Lüge ist ein Egel[1], sie hat die Wahrheit ausgesaugt. Das wächst. Ich werd's nimmer los. Das wächst und hat Blut. Das sieht mich an wie ein Sohn, ein leibhaftiger Jud, mein Sohn ... »Was gibt's Neues?« – ich habe gelogen, und ihr habt ihn gestreichelt, solang er klein war, und jetzt ist er ein Mann, jetzt will er heiraten, ja, seine Schwester – Das gibt's Neues! ... ich weiß, was ihr denkt, im voraus: Auch einem Judenretter ist das eigne Kind zu schad für den Jud! Ich seh euer Grinsen schon.

Auch die Senora, Cans frühere Geliebte und leibliche Mutter Andris, fordert Can auf, die Wahrheit zu sagen. Aus Sorge um ihren Sohn, ist die Senora nach Andorra gekommen. Sie stellt Can zur Rede ...

Vordergrund

Der Lehrer und die Senora vor dem weißen Haus wie zu Anfang.
SENORA: Du hast gesagt, unser Sohn sei Jude.
LEHRER: *schweigt.*
SENORA: Warum hast du diese Lüge in die Welt gesetzt?
LEHRER: *schweigt.*
[...]
LEHRER: Ich werde es sagen, dass er mein Sohn ist, unser Sohn, ihr eignes Fleisch und Blut –
SENORA: Warum gehst du nicht?
LEHRER: Und wenn sie die Wahrheit nicht wollen?
Pause

Schließlich überlässt Can es aber doch jemand anderem, Andri die Wahrheit zu sagen.

Neuntes Bild

Stube beim Lehrer [...]
[...]
LEHRER: Der Pater wird es ihm sagen. Frag mich jetzt nicht! Du verstehst mich nicht, drum hab ich es dir nie gesagt.
Er setzt sich.
Jetzt weißt du's.
MUTTER: Was wird Andri dazu sagen?
LEHRER: Mir glaubt er's nicht.
Lärm in der Gasse
Hoffentlich lässt der Pöbel[2] sie in Ruh.
MUTTER: Ich versteh mehr, als du meinst, Can. Du hast sie geliebt, aber mich hast du geheiratet, weil ich eine Andorranerin bin. Du hast uns alle verraten, aber den Andri vor allem. Fluch nicht auf die Andorraner, du selber bist einer.
Eintritt der Pater.
Hochwürden haben eine schwere Aufgabe in diesem Haus. Hochwürden haben unserm Andri erklärt, was das ist, ein Jud, und dass er's annehmen soll. Nun hat er's angenommen. Nun müssen Hochwürden ihm sagen, was ein Andorraner ist, und dass er's annehmen soll.
LEHRER: Jetzt lass uns allein!
MUTTER: Gott steh Ihnen bei, Pater Benedikt.
Die Mutter geht hinaus.
[...]

Andri hat längst seine Rolle als Jude und Sündenbock angenommen. Darum will er Pater Benedikt nicht glauben, dass Can sein leiblicher Vater ist. Nachdem die Schwarzen in Andorra einmarschiert sind, bewaffnet Can sich, während alle anderen Andorraner widerstandslos kapitulieren. Er erkennt, dass er endlich die Wahrheit sagen muss, und versucht, Andri davon zu überzeugen, dass er sein leiblicher Sohn und somit kein Jude ist.

Zehntes Bild

Platz von Andorra. [...]
LEHRER: Wovon redest du?
ANDRI: Von eurer Kapitulation.
Drei Männer, ohne Gewehr, gehen über den Platz.
ANDRI: Du bist der letzte mit einem Gewehr.
LEHRER: Lumpenhunde!
[...]
LEHRER: Mein Sohn –
ANDRI: Fang jetzt nicht wieder an!
LEHRER: Du bist verloren, wenn du mir nicht glaubst.
ANDRI: Ich bin nicht dein Sohn.
LEHRER: Man kann sich seinen Vater nicht wählen. Was soll ich tun, damit du's glaubst? Was noch? Ich sag es ihnen, wo ich stehe und gehe, ich hab's den Kindern in der Schule gesagt, dass du

---

[1] blutsaugendes, wurmähnliches Lebewesen
[2] abschätzige Bezeichnung für das gemeine Volk auf der Straße

mein Sohn bist. Was noch? Soll ich mich aufhän-
190 gen, damit du's glaubst? [...]
ANDRI: Sie glauben's dir nicht.
LEHRER: Weil du mir nicht glaubst.
[...]

Auf Befehl der Schwarzen müssen alle Andorraner
barfuß und vermummt zur Judenschau auf den
Marktplatz. Ein „Judenschauer" soll angeblich am
Gang und am Lachen erkennen können, wer ein Jude
ist.

Zwölftes Bild
Platz von Andorra [...]
195 LEHRER: Wo ist mein Sohn?
SOLDAT: Wer?
LEHRER: Wo ist Andri?
SOLDAT: Der ist dabei, keine Sorge, der ist uns
nicht durch die Maschen gegangen.
200 Der marschiert. Barfuß wie alle andern.

LEHRER: Hast du verstanden, was ich sage?
SOLDAT: Ausrichten! Auf Vordermanngehen!
LEHRER: Andri ist mein Sohn.
SOLDAT: Das wird sich zeigen –
205 *Trommelwirbel*
[...]
Der Judenschauer umschreitet und mustert Andri.
LEHRER: Er ist mein Sohn!
Der Judenschauer mustert die Füße, dann gibt er
210 *ein Zeichen, genauso nachlässig wie zuvor, aber ein*
anderes Zeichen, und zwei schwarze Soldaten über-
nehmen Andri.
[...]

Nachdem Andri von den Schwarzen ermordet wor-
den ist, nimmt Can sich das Leben. Seiner Tochter
Barblin hat man als „Judenhure" die Haare gescho-
ren. Über Andris Tod ist sie verrückt geworden.

2 Notiere dir Stichwörter zu den folgenden Aspekten in dein Heft oder
halte deine Notizen in Form einer Mind-Map fest:

Lebensumstände / Biografie   *Wertvorstellungen und Ansichten*
Cans Lebenslüge   *Verhalten gegenüber Andri*
Motive für sein Handeln   *Verhalten gegenüber anderen Figuren*
Eigenschaften / Verhaltensweisen *Gedanken und Gefühle*

3 Für die Charakterisierung von Can spielt die Schuldfrage eine entscheidende Rolle.
Dabei geht es um die Frage, ob und inwieweit Can Schuld trägt am tragischen Ende
seines Sohnes Andri. Kennzeichne Argumente, die für Cans Schuld sprechen mit „ja"
und die Argumente, die gegen Cans Schuld sprechen mit „nein".

Schuldfrage: Hat Can Schuld auf sich geladen?

_____ Can konnte nicht ahnen, was er Andri mit seiner Lüge antun würde.

_____ Can hat egoistisch und rücksichtslos gehandelt und nur an sich gedacht.

_____ Die Konsequenzen seiner Lüge für Andris Leben hat Can nicht bedacht.

_____ Can konnte nicht ahnen, dass Andri und Barblin sich ineinander verlieben würden.

_____ Can handelte hartherzig und unmenschlich gegen Andri, weil er ihm verschwieg,
dass er sein Vater ist.

_____ Er hat aus Feigheit und Schwäche nie selbst die Wahrheit gesagt.

_____ Er konnte die Besetzung Andorras durch die Schwarzen nicht vorhersehen.

_____ Cans feige Lüge ist letztendlich der Grund für Andris Unglück und Tod.

_____ Er hat auch noch geschwiegen, als sich die Situation zuspitzte.

_____ Can konnte nicht wissen, dass der Antisemitismus in Andorra Fuß fassen würde.

_____ Anstatt sich dem Problem zu stellen und die Wahrheit aufzudecken, zeigt Can große Schwäche und flüchtet sich in den Alkohol.

4 Schreibe ein kurzes Statement zur Schuldfrage Cans. Formuliere deine Meinung zu der Frage, ob oder inwieweit sich Can schuldig gemacht hat.

5 Informiere dich mit Hilfe des folgenden Merkkastens darüber, wie man eine Charakterisierung schreibt und strukturiert.

Aufbau einer Charakterisierung

Charakterisierungen schreibt man vorrangig im **Präsens**. Sie bestehen aus drei Teilen:

1. Die **Einleitung** enthält Angaben zu Titel, Autor und Textart. Darüber hinaus geht man kurz auf die zu charakterisierende Figur und ihre Bedeutung für den Handlungsverlauf ein.

2. Im **Hauptteil** wird die literarische Figur in allen ihren Facetten beschrieben: äußeres Erscheinungsbild, Lebensumstände (Beruf/Familienverhältnisse/Biografie/Probleme), typische Verhaltensweisen, Eigenschaften/charakteristische Wesensmerkmale, Gefühle, Gedanken, Komplexe, Vorlieben, Wertvorstellungen, moralische Grundsätze, Vorurteile, Motive für das Handeln, Ziele, Beziehung zu den anderen literarischen Figuren, Umgang mit den anderen Figuren, Aussagen anderer literarischer Personen über diese Figur.

3. Im **Schluss** werden die wichtigsten Aussagen über den Charakter der Figur noch einmal genannt und in Form einer persönlichen Stellungnahme bewertet.

Wichtige Aussagen werden mit **Zitaten** belegt.

6 Schreibe dann eine Charakterisierung über Can in dein Heft.

7 Nutze das folgende Textgerüst für deine Charakterisierung oder verwende einige der angebotenen Formulierungshilfen.

Charakterisierung des Lehrers Can in Max Frischs „Andorra"

Einleitung:
Neben Andri als Hauptfigur zählt Lehrer Can in Max Frischs Drama „Andorra" zu den zentralen Figuren des Theaterstücks. Auf tragische Art und Weise ist er mitverantwortlich für Andris gewaltsamen Tod. An dieser Mitschuld zerbricht Can und richtet sich am Ende selbst, indem er sich erhängt.

Hauptteil:
In Andorra hat der Lehrer lange Zeit die Anerkennung der Andorraner genossen. Nach einem längeren Aufenthalt im Nachbarland der Schwarzen ist Can mit einem jüdischen Jungen namens Andri zurückgekommen, den er später sogar adoptiert. Can behauptet, ...

Die Wirklichkeit sieht aber ganz anders aus. Tatsächlich ist Can ...
Um sein Ansehen und seine soziale Stellung in Andorra nicht zu gefährden, ...
Offensichtlich nimmt er dabei billigend in Kauf, dass ...
Für mich ist nicht nachvollziehbar, wie Can es übers Herz bringen kann, ...
In dieser Situation wird deutlich, dass Can ...
Can handelt hier ...
Anstatt aber die Wahrheit zu sagen, flüchtet er sich in ...
In seinem Verhalten gegenüber Andri wird für mich deutlich, dass ...
Schließlich kommt es zum Bruch zwischen Vater und Sohn, als Andri ...
Zu Cans charakteristischen Eigenschaften zählen ...
Aber auch diese letzte Gelegenheit ergreift Can aus Feigheit nicht. Er ist zu schwach, zu feige und zu unentschlossen, um ...
Aber das Verhältnis zu Andri ist so zerrüttet, dass ...
Cans Verhalten/Äußerung deute ich als ...

Erst durch den Besuch der Senora in Andorra wird dem schwachen Can klar, dass ...
Can stellt sich seiner Verantwortung wieder nicht und überlässt es Pater Benedikt, ...
Da Can sich seines Versagens und seiner Mitschuld am Tod seines Sohnes bewusst ist, ...
Cans Schwäche zeigt sich deutlich, als ...
Seine innere Zerrissenheit und Spaltung zeigt sich, als ...

Schluss:
Für mich ist Can ...
Im Gegensatz zu Tischler Prader oder dem Judenhasser Ferrer ist Can aber kein ...
Im Gegenteil: Er ...
Aber letztendlich scheitert Can an ...
Hätte er von Anfang an die Wahrheit gesagt, dann ...
Bei der Frage nach Cans Schuld bin ich ...
Einerseits hat er ... Andererseits aber ...
Can hat meiner Meinung nach große Schuld auf sich geladen, weil ...
Trotzdem empfinde ich auch Mitleid mit ihm, denn ...

8 Überprüfe deine Charakterisierung mit Hilfe der folgenden Checkliste.

CHECKLISTE
Ich habe ...
- ... meine Charakterisierung in Einleitung, Hauptteil und Schluss unterteilt.
- ... in der Einleitung den Namen der Figur, den Schriftsteller, den Titel sowie die Textart genannt und die Bedeutung der Figur für den Text erwähnt.
- ... im Hauptteil die Figur umfassend charakterisiert. Dabei bin ich besonders auf folgende Aspekte eingegangen: Lebensumstände, typische Charaktermerkmale und Verhaltensweisen, Handlungsmotive, Verhältnis zu Andri, Verhältnis zu anderen Figuren, Gedanken und Gefühle, Wertvorstellungen und Ansichten, Schuldfrage.
- ... im Schluss meine Meinung über die Figur deutlich gemacht und die Figur abschließend aus meiner Sicht bewertet.
- ... im Schlussteil noch einmal die Schuldfrage aufgegriffen und erläutert, ob und inwiefern die Figur Schuld auf sich geladen hat.
- ... Zitate verwendet, um meine Aussagen und Deutungen zu untermauern.
- ... korrekt zitiert.
- ... vorrangig im Präsens geschrieben.

Litera-
tur be-
gegnen

→ **Ein Gedicht mit Hilfe von Leitfragen untersuchen und erschließen**

1 Lies zunächst nur die Überschrift des folgenden Gedichtes und schreibe spontan auf,
worum es in dem Gedicht gehen könnte.

_____

_____

2 Lies dir das Gedicht von Mascha Kaléko nun in Ruhe durch

Sehnsucht nach dem Anderswo

Mascha Kaléko

Drinnen duften die Äpfel im Spind,
Prasselt der Kessel im Feuer.
Doch draußen pfeift Vagabundenwind[1]
4 Und singt das Abenteuer!

Der Sehnsucht nach dem Anderswo
Kannst du wohl nie entrinnen:
Nach drinnen, wenn du draußen bist,
8 Nach draußen, bist du drinnen.

[1] Vagabund: jemand, der das unstete (rastlose, ruhelose) Leben liebt,
der es nicht lange an einem Ort aushält

3 Welche Gedanken und Gefühle werden bei dir nach dem ersten Lesen ausgelöst?

_____

_____

4 Beschreibe mit deinen Worten, worum es in diesem Gedicht geht.

_____

_____

_____

_____

_____

5 Untersuche den Inhalt, den Aufbau und die Wirkung dieses Gedichtes.
- Notiere deine Ergebnisse zunächst stichwortartig.
- Lass dich dabei von folgenden Fragen leiten.

Leitfragen zur Erschließung von Gedichten

Lyrisches Ich
Wo befindet sich das lyrische Ich, das hier erzählt?
Wie gibt es sich sprachlich zu erkennen?

Gestaltungsmittel
Durch welche Gestaltungsmittel wird das Geschehen zum Leben erweckt?
- Welche anschaulichen Nomen, Verben und Adverbien fallen auf?
- Gibt es lautmalerische Wörter?
- Welche Metaphern und Personifikationen enthält das Gedicht? Und was bedeuten sie?

 Tipp:
Schau dir dazu auch den Merkkasten unten an!

Form und Aufbau
Wie ist der Aufbau der Strophen gestaltet?
- Was wird in der ersten Strophe, was wird in der zweiten gesagt? Und wie wird es ausgedrückt?
- Wo und wie werden in diesem Gedicht Gegensätze zum Ausdruck gebracht?

Versmaß und Rhythmus
Wie sind die Verse rhythmisch gestaltet?
Lies das Gedicht dazu mehrere Male laut und spüre, ob du Unterschiede wahrnehmen kannst.

Klang
Gibt es Reime?
Welches Reimschema liegt vor?
Ist das Reimschema einheitlich?

Wirkung und Deutung
Welche Erkenntnis oder Botschaft kannst du für dich aus diesem Gedicht herauslesen?
Welche inhaltlichen Aspekte kannst du aus diesem Gedicht auf deine eigene Situation übertragen?

6 Fasse deine Ergebnisse nun in einem interpretierenden Text zusammen (Heft oder Mappe).

7 Tauscht eure Texte anschließend in kleinen Gruppen oder auch in Partnerarbeit aus. Benennt Gemeinsamkeiten bzw. Unterschiede und diskutiert miteinander darüber.

Metaphern

Metaphern sind Bilder, bei denen die Wörter nicht in ihrer eigentlichen, sondern in einer **übertragenen Bedeutung** verwendet werden.

Durch Metaphern werden Dinge oder Erscheinungen in der Natur lebendig. Eine besondere Form der Metapher ist die **Personifikation.** Wenn in Gedichten leblose Dinge, Pflanzen, Naturerscheinungen oder Tiere etwas tun, was insbesondere Menschen tun oder empfinden können, dann werden sie personifiziert, das heißt: Sie treten wie Personen auf und erhalten menschliche Züge.

Metaphern sprechen in besonderer Weise unsere **Gefühle** und **sinnliche Wahrnehmung** an – und prägen sich deshalb auch viel stärker ein als Begriffe. Darin liegt die außergewöhnliche Kraft der lyrischen Bilder.

M

→ Ein Gedicht selbstständig mit Hilfe von Leitfragen interpretieren

1 Lies dir das Gedicht von Mascha Kaléko mehrere Male in Ruhe durch.

In den Regen – – –

Mascha Kaléko

Stehst du jetzt auch und trauerst in den Herbst
Vor nebelüberwölkten Fensterscheiben?
Gehst du jetzt auch verlassen durch den Park
4 Und läßt wie welkes Laub vom Wind dich treiben ...

Hockst du jetzt auch bei müdem Lampenlicht
Und schreibst an den Papierkorb lange Briefe?
Horchst du wie ich, wenn draußen jemand spricht,
8 Und hoffst noch immer, daß dich einer riefe –

Kein Laut. Nur Regen tropft von Fensterbänken.
Was mich betrifft: ich fühl mich so allein.
Ich möchte meine Sumpfschildkröte[1] sein
12 Und mich in tiefen Winterschlaf versenken.

[1] eine kleine bis mittelgroße, überwiegend im Wasser lebende Schildkröte, die sich im Winter auf den Boden sinken lässt, um dort zu überwintern

2 Nutze die folgende Übersicht, um dir dieses Gedicht zu erschließen.
- **Achtung:** Nicht jeder dieser Aspekte muss sich in diesem Gedicht widerspiegeln.
- Halte deine Notizen schriftlich fest.
- Für deine Arbeit kannst du auch den Merkkasten auf Seite 47 nutzen.

Leitfragen zur Erschließung von Gedichten

Erster Eindruck und Anmutung **Welche Gefühle und Gedanken werden bei dir ausgelöst?**
- Welche Eindrücke bleiben in besonderer Weise bei dir haften?
- Was hast du beim ersten Lesen noch nicht verstanden?

Thema / Inhalt **Worüber ist das wohl ein Gedicht?**
Über die Liebe, die Natur, den Tod, Alltägliches, über Stimmungen und Gefühle, über Sehnsüchte, Träume, rätselhafte Erscheinungen ...?

Lyrisches Ich **Ist ein lyrisches Ich zu erkennen?**
- Wie gibt es sich zu erkennen: als *Ich*, als *Wir* oder in Form der *du*-Anrede?
- Was denkt dieses Ich?
- In welcher Situation befindet es sich?
- Welche Einstellung oder Grundhaltung kannst du beim Ich herauslesen: glücklich, traurig, ruhig betrachtend, sachlich, kritisch, begeistert, rebellisch, humorvoll, ironisch, belehrend ...?

Form und Aufbau	**Was lässt sich über die Form und den Aufbau des Gedichtes sagen?**

Was lässt sich über die Form und den Aufbau des Gedichtes sagen?
- Wie viele Strophen und Verse hat das Gedicht?
- Ist der Aufbau regelmäßig / unregelmäßig?
- Wie unterscheiden sich die einzelne Strophen inhaltlich voneiander?
- Fallen einzelne Verse besonders auf?
- Sind die Verse eher kurz oder lang?
- Sind die Verse zentriert gesetzt?

Versmaß und Rhythmus

Wie ist der Rhythmus des Gedichtes?
- Ist der Rhythmus regelmäßig oder unregelmäßig, bewegt oder ruhig?
- Welches Metrum kannst du erkennen?
- Ist das Gedicht in freien Versen geschrieben?
- Gibt es Enjambements?

Klang

Gibt es Reime?
- Welches Reimschema liegt vor?
- Gibt es auffällige Wiederholungen bestimmter Wörter oder Laute (Vokale, Konsonanten)?
- Gibt es lautmalerische Wörter?

Gestaltungsmittel

Welche Gestaltungsmittel fallen dir besonders ins Auge?
- Fällt an der Zeichensetzung etwas auf?
- Gibt es Auffälligkeiten in der Groß-/Kleinschreibung?
- Gibt es Auffälligkeiten in der Wortwahl (Alltagswörter, Wortneuschöpfungen)?
- Gibt es Gegensätze? Wie werden sie sprachlich zum Ausdruck gebracht?
- Gibt es Auffälligkeiten im Aufbau der Sätze?
- Gibt es Wiederholungen? Von welcher Art sind sie?

Bilder

Gibt es auffällige sprachliche Bilder?
- Gibt es Metaphern und Vergleiche?
- Gibt es Personifikationen?
  (Dinge, Naturerscheinungen oder Tiere, die menschliche Züge erhalten und wie Personen auftreten)
- Wendet sich die Sprache an das Gefühl?
- Welche Sinne werden angesprochen?
  (Sehen, Hören, Riechen, Fühlen, Schmecken)

Wirkung und Deutung

Wie verstehst du das Gedicht, nachdem du dich näher damit befasst hast?
- Wie lässt sich die Wirkung des Gedichtes auf dich beschreiben?
- Welche Gefühle und Gedanken löst das Gedicht in dir aus?
- Welche Verse, Wörter, Bilder … haben dich besonders beeindruckt?
- Was lässt sich aus dem Gedicht auf deine eigene Situation übertragen?
- Gibt es auch Fragen, die für dich offengeblieben sind?
- Wie würdest du das Gedicht sprechen:
  eher nachdenklich, eher fröhlich oder eher traurig?
  eher sachlich und nüchtern, eher langsam oder eher schnell?
  eher laut oder eher leise?

3 Schreibe jetzt eine Interpretation zum Gedicht „In den Regen" von Mascha Kaléko (Heft oder Mappe).
- Nutze dazu deine Notizen aus Aufgabe 2.
- Deine Deutungen kannst du mit Zitaten aus einzelnen Strophen oder Versen untermauern.

Literatur begegnen

→ **Eine Kurzgeschichte mit Hilfe von Leitfragen interpretieren**

Die Metzgerlehre

Leonie Ossowski

Ein Schwein wurde geschlachtet. Es war Fietschers erster Arbeitstag, bisher hatte er noch nichts zu tun. Er sah nur das Schwein an und dachte darüber nach, wie es wohl sterben würde.

Fietscher hatte nie Metzger werden wollen. Er wollte nicht schlachten, nicht Fleisch
5 schneiden, keine Wurst machen und nicht im Blut rühren.

Er wollte zur See fahren und das hatte man ihm verboten. Was also dann? Genau das wusste er nicht. Trotz vieler Vorschläge hatte er sich für nichts anderes als für das Auf-dem-Wasser-Herumfahren entscheiden können. Trotzdem sagte der Vormund: Metzger. Jeder Widerspruch blieb sinnlos.

10 Also das Schwein. Es lief herum und quiekte und war groß und fett. Ein schönes Schwein, von dem man lange essen konnte, sagte der Bauer, während die Bäuerin Eimer und Schüsseln für das Blut zurechtstellte. Das Schwein lief hin und her. Nicht sehr weit, denn es war am Hinterbein an einen Baum gebunden und sah Fietscher unter rosa Wimpern an.

15 Steh nicht so rum, sagte der Metzger, dem – wie den meisten Metzgern – ein Finger von den Händen fehlte, hol das Schießeisen. Fietscher lief zum Auto und kam unverrichteter Dinge zurück. Er hatte das Schießeisen in der Metzgerei liegen gelassen. Da fiel dem Metzger ein gutes Mittel gegen Fietschers Vergesslichkeit ein. Fietscher sollte jetzt das Schwein selber totschlagen. Die Bäuerin war dagegen, hatte das Schwein ein
20 Jahr gefüttert und eine Beziehung zu ihm gewonnen, der Bauer nicht. Fietscher wurde blass und es würgte ihn im Hals. Das Schwein quiekte, zwinkerte und spürte Angst. Das sah Fietscher ihm an.

Ich kann nicht, sagte er.

Der Metzger war anderer Meinung, drückte ihm eine Axt in die Hand, stand mit
25 einem großen Vorschlaghammer neben ihm, bereit, den zweiten Schlag zu führen, und schon im Vorhinein Fietscher nichts zutrauend.

Also los!

Ich kann nicht.

Da bekam Fietscher einen Schlag, nicht doll und vorerst nur ins Genick, aber er stol-
30 perte, fiel vornüber auf das Schwein, umarmte es, um nicht in den Dreck zu rutschen, und sah sich Auge in Auge mit ihm.

Alle lachten: die Bäuerin, der Bauer, der Metzger.

Los!

Fietscher stand auf und wusste Bescheid. Auch das Schwein wusste wohl Bescheid,
35 quiekte jedenfalls nicht mehr, zeigte Vertrauen und stand ganz still.

Da schlug Fietscher mit dem verkehrten Ende der Axt zu.

Es war ein großartiger Schlag. Das Schwein fiel gleich um. Der Metzger brauchte nicht zum Nachschlag auszuholen. Fietschers Schlag hatte genügt. Hohl und dumpf dröhnte er auf dem Schweineschädel, brummte noch nach und hinterließ keine Spur.
40 Das Schwein hatte nicht einmal mehr Zeit gehabt die Augen zuzumachen, so gut saß der Schlag.

Der Metzger war sehr zufrieden, warf den Hammer weg und stach das Tier ab. Die Bäuerin holte die Schüssel für das Blut, der Bauer das Wasser für den Trog. Alles ging wie am Schnürchen.

45 Nur in Fietschers Ohren brummte der Schlag und fing dort ein Getöse an, sodass er die Zurufe des Metzgers nicht verstand!

Weiß der Himmel, wie lange er nutzlos herumgestanden oder auch diesen oder jenen Handgriff gemacht hatte.

Plötzlich drückte ihm der Metzger den Kopf des Schweines in die Hand. Trag ihn in die
50 Küche!

Fietscher hielt den Schweinekopf an den Ohren. Die offenen Augen waren auf ihn gerichtet. Immer noch läppisch vertrauensselig sah das tote Vieh ihn an.

Da rannte er los. Nicht in die Küche, sondern am Haus vorbei, herunter zum Neckar bis zur Brücke, unter der ein Kahn mit Koks durchfuhr. Fietscher ließ den Schweinekopf
55 fallen, mitten auf den Koks, wo er still und rosa liegen blieb und nun mit offenen Augen in aller Ruhe bis Stuttgart fahren würde.

Und endlich hörte das Brummen vom Schlag in Fietschers Ohren auf. Er ging zurück zum Metzger, steckte ohne Mucken und Tränen gewaltige Prügel ein, ohne eine Erklärung für sein Handeln abzugeben. Eine Zufriedenheit hatte ihn mit dem Davonfahren des
60 Schweinekopfes auf dem Schiff erfüllt, die ihm niemand nehmen konnte.

1 Schreibe auf, welche Gedanken dir nach dem Lesen durch den Kopf gehen.

_____

_____

_____

_____

_____

2 Erstelle eine Figurenübersicht zu dieser Geschichte
- Notiere die Personen in der Reihenfolge ihres Erscheinens.
- Ergänze stichwortartig Angaben zu ihrer Rolle oder Funktion im Zusammenhang mit der Handlung.

_____

_____

_____

_____

_____

_____

_____

Literatur begegnen

3 Zur Hauptperson erhältst du in dieser Geschichte mehrere detaillierte Informationen.
- Lies den Text noch einmal aufmerksam.
- Markiere während des Lesens alle Informationen, die du zur Hauptperson bekommst.
- Erstelle anschließend aus diesen Informationen einen Steckbrief.

Steckbrief zur Hauptfigur   *in der Kurzgeschichte „Die Metzgerlehre" von Leonie Ossowski*

4 Erkläre, warum Fietscher den Kopf des Schweines deiner Meinung nach auf den Kahn fallen lässt. Beziehe in deine Überlegungen auch die folgenden Fragen mit ein:
- Welchen Beruf hatte Fietscher ursprünglich ergreifen wollen?
- Was verbindet Fietscher möglicherweise mit dieser Kahnfahrt?
Mach dir dazu auch deutlich, wie er sich selbst nach dieser Aktion fühlt.

5 Stell dir vor, Fietscher erzählt am Abend dieses Tages einem Freund oder einer Freundin von diesem ersten Arbeitstag in seinem Berufsleben. Schreibe aus seiner Sicht auf, was er in der Rückschau auf diesen Tag erzählen könnte. Du könntest so beginnen:

Meinen ersten Arbeitstag heute werde ich wohl nie in meinem Leben vergessen. Als ich heute Morgen

6 Schreibe nun eine Charakterisierung über den Metzgerlehrling Fietscher.
- Greife dazu auf deine Arbeitsergebnisse aus den Aufgaben 2, 3 und 4 zurück.
- Nutze fürs Schreiben die Informationen im folgenden Merkkasten.
- Schreibe den Text in dein Heft oder in deine Mappe.

Charakterisierung einer literarischen Figur

Die Charakterisierung ist ein beschreibender, aber auch ein interpretierender Text, der eine literarische Figur umfassend vorstellt. Dabei orientiert sich die Charakterisierung an aussagekräftigen Textstellen, in denen …
- … der Charakter der Figur durch ihr Handeln, ihre Äußerungen und durch ihre Gedanken deutlich wird.
- … andere Figuren etwas über die zu charakterisierende Figur sagen.
- … das Verhältnis und Verhalten zu anderen Figuren beschrieben wird.

Charakterisierungen schreibt man vorrangig im **Präsens**. Sie bestehen aus drei Teilen:

1. Einleitung: Die Einleitung enthält Angaben zum Titel, zum Autor und zur Textart. Darüber hinaus geht man kurz auf die zu charakterisierende Figur und ihre Bedeutung für den Handlungsverlauf ein.

2. Hauptteil: Im Hauptteil wird die literarische Figur in all ihren Facetten beschrieben:
- äußeres Erscheinungsbild
- Lebensumstände: Beruf – Familienverhältnisse – Biografie – Probleme
- typische Verhaltensweisen
- charakteristische Eigenschaften
- Gefühle / Gedanken
- Wertvorstellungen / Ansichten
- Motive für das Handeln
- Schuldfrage: Inwieweit hat die literarische Figur Schuld auf sich geladen?
- Verhältnis / Verhalten zu anderen literarischen Figuren
- Aussagen anderer Figuren über diese literarische Figur

3. Schluss: Abschließend werden die wichtigsten Aussagen über den Charakter der Figur noch einmal genannt und in Form einer persönlichen Stellungnahme bewertet. Charakterisierungen enthalten auch Elemente einer Inhaltsangabe. Der Inhalt wird aber nur so weit wiedergegeben, wie er für die Charakterisierung der Figur von Bedeutung ist. Wichtige Aussagen werden mit **Zitaten** belegt. Eine Charakterisierung sollte aber nicht hauptsächlich aus Zitaten bestehen.

M

7 Überprüfe deinen Text zum Schluss mit Hilfe der folgenden Checkliste.

CHECKLISTE: CHARAKTERISIERUNG

Ich habe …
- … meine Charakterisierung hauptsächlich im Präsens geschrieben.
- … die Charakterisierung in **Einleitung**, **Hauptteil** und **Schluss** unterteilt und die einzelnen Teile durch Absätze deutlich gemacht.
- … in der Einleitung Angaben zu Titel, Autor, Textart und Bedeutung der Figur innerhalb der Handlung gemacht.
- … im Hauptteil wichtige Charaktereigenschaften und Informationen über die Figur erwähnt.
- … das Verhalten der Figur interpretiert und die Motive für ihr Handeln deutlich gemacht.
- … wichtige Interpretationsaussagen mit Zitaten belegt.
- … richtig zitiert.
- … im Schluss meine Meinung über die Figur in Form einer persönlichen Stellungnahme deutlich gemacht.

→ Wörter mit h

Das Dehnungs-h

Das **Dehnungs-h** kommt nur in offenen Silben mit Langvokal vor und steht nur vor **-l, -m, -n, -r**:
füh-len, neh-men, ah-nen, fah-ren ...

Es steht aber **nicht** vor anderen Konsonanten:
ge-ben, stra-fen, sa-gen ...

Das **h** wird in **verwandten Wortformen** beibehalten:
fühl-ten, nahm, ahn-te, fuhr ...

Kein Dehnungs-h steht vor **l, m, n, r** in betonten Silben mit **sch-, t-, gr-, kl-, kr-, pl-, qu-, sp-**:
schä-len, tö-nen, grö-len, klö-nen, kra-men, pla-nen, quä-len, spü-ren, ge-tönt, ge-plant ...

Das silbentrennende h

Das **silbentrennende h** steht oft dann, wenn die erste Silbe mit einem Langvokal endet und die zweite Silbe mit einem Kurzvokal beginnt.
Es trennt also die Vokale zwischen zwei Silben:
se-hen, flie-hen, Schu-he, E-he, na-he, ver-zei-hen ...

Das **h** wird in verwandten Wortformen beibehalten:
sah, floh, Schuhband, nah, verzieh ...

Bei einigen lautähnlichen Wörtern steht aber
kein silbentrennendes h: *knien, prophezeien, schneien ...*
und **nie** nach **au**: *raue, sich trauen, schauen ...*

---

1 Von den folgenden Wörtern werden zehn mit Dehnungs-h geschrieben, zehn Wörter können kein Dehnungs-h enthalten. Orientiere dich an den Regeln im Kasten. Schreibe auf:

allmä?lich	*belo?nen*	*beque?m*	*beschwö?ren*	*betro?gen*	*Bewä?rung*	*Diebsta?l*
erma?nen	*fa?nden*	*Fö?n*	*gescho?ren*	*Gefä?rte*	*hö?nisch*	*klö?nen*
Krü?mel	*pra?len*	*Qua?len*	*Sche?mel*	*schmo?ren*	*Ta?l*	

Wörter mit Dehnungs-h: _____

_____

_____

Wörter ohne Dehnungs-h: _____

_____

_____

2 Schreibe die folgenden Wörter in alphabetischer Reihenfolge auf. Füge zu einigen Wörtern eine Kurzform hinzu.

drehen – früher – bejahen – Zähigkeit – Geweihe – ruhig – Weihnachten – nähen – geschehen – höher – leihen – nahe – Reihe – sprühen – Verzeihung – Zehen – Mühe – glühen – beinahe – verrohen – fähig

beinahe (beinah), bejahen, drehen (dreht), _____

_____

_____

_____

Die s-Laute

Die s-Laute

1. Der **stimmlose** s-Laut wird zwischen **langem** und kurzem Vokal **ß** geschrieben. Das **ß** bleibt in verwandten Wortformen erhalten, sofern diese auch einen langen Vokal enthalten. Tritt in ihnen ein kurzer Vokal auf, wird **ss** geschrieben: *fließen, fließt, aber: geflossen – zerreißen, zerreißt, aber: zerrissen.*

2. Der **stimmlose** s-Laut wird zwischen zwei **kurzen** Vokalen **ss** geschrieben. Das **ss** bleibt in verwandten Wortformen erhalten, sofern diese auch einen kurzen Vokal enthalten. Tritt in ihnen ein langer Vokal auf, wird **ß** geschrieben: *messen, misst, aber: maß – lassen, lässt, aber: ließ.*

3. Der **stimmhafte** s-Laut wird zwischen zwei Vokalen grundsätzlich als **s** geschrieben. Dieses **s** bleibt in verwandten Wortformen erhalten: *verreisen, verreist – lesen, liest – vermiesen, mies.*

4. Die Nachsilben **-nis, -us** werden im **Singular** mit s, im **Plural** mit ss geschrieben: *Zeugnis, Zeugnisse – Diskus, Diskusse.*

1 Setze in die Wortlücken **s, ß** oder **ss** ein. Schreibe vor die Sätze die Ziffer auf, zu der die Regel im Kasten passt.

_____ Er wei_____t mir den Weg.   _____ Er wei_____t die Wand.

_____ Sie lie_____t etwas vor.   _____ Sie lie_____ etwas fallen.

_____ Sie rei_____t etwas kaputt.   _____ Er rei_____t in die Ferien.

_____ Er wei_____ es nicht genau.   _____ Er hat es nicht gewu_____t.

_____ Das Reh gra_____t im Feld.   _____ Sie gena_____ von der Krankheit.

_____ Er redet konfu_____.   _____ Sie mag gern Pflaumenmu_____.

_____ Der Kreis hat einen Radiu_____.   _____ Er ist ein richtiger Pfiffiku_____.

2 Die folgenden Wörter sind alle in Großbuchstaben geschrieben. Das **ß** gibt es als Großbuchstaben nicht. Schreibe die Wörter richtig auf. Drei der Wörter werden auf zweierlei Weise geschrieben – je nachdem, welche Bedeutung sie haben.

GASSE _____   SPÄSSE _____   SCHÜSSE _____

STRASSE _____   BUSSE _____   SÜSSE _____

MASSE _____   SOSSE _____

3 Namen richten sich nicht immer nach unseren Rechtschreibregeln. Schreibe sie nach den heutigen Regeln mit **ss** oder **ß** auf. Ein Name ist allerdings richtig geschrieben!

Maassen _____   Weissenberg _____

Oberkassel _____   Nußbaum _____

Faßberg _____   Räussig _____

→ Rechtschreibfehler finden

1 Im folgenden Text sind 19 Fehler in der Rechtschreibung enthalten. Es kommen nur Fehler in der Wortschreibung vor – nicht in der Groß- und Kleinschreibung und auch nicht in der Getrennt- und Zusammenschreibung. Unterstreiche die Fehlerwörter und schreibe sie am Rand richtig auf. Im Zweifelsfall solltest du im Wörterbuch nachschlagen.

Wie sehen wir die Welt?

Die meißten Deutschen sehen vieles im Niedergang begriffen. Drei Viertel von ihnen sind der pessimisstischen Meinung, dass es den Menschen in den Entwiklungsländern immer schlechter geht, und neun von zehn sind der Ansicht, dass unsere Umwelt immer mehr verschmuzt. Die Wahrheit aber ist: Der Welt geht es so gut wie nie zuvor. Dabei muß man die heutige Welt nicht einmal mit dem Mittelalter vergleichen. Es genükt ein Blick in die lezten 50 Jahre. Die Nachrichtensendungen informiren vor allem über Missstände und Katastrophen, und das muss wohl auch so sein. Selten aber kommt in die Schlagzeilen, dass wir heute länger leben als noch vor 40 Jahren, dass wir gesünder sind und weniger arbeiten – und dennoch mehr Geld besitzen. Die Umwelt ist so sauber wie lange nicht mehr, es gibt weniger Gewalt, und die gesellschaftlichen Konflickte haben sich veringert. Nicht alle profitiren im gleichen Masse davon, aber für die Mehrheit der Menschen gehen die Trends in eine positive Richtung. Aber warum mahlt sich der Mensch die Welt dann so düster aus, wenn die unmittelbare Erfahrung doch wenig Anlas dazu gibt? Nach neuesten Untersuchungen schneidet die Gegenwart im Vergleich mit der Vergangenheit immer relatief schlecht ab: „Früher war alles besser!", sagen vor allem die älteren Leute. Unser Gehirn giebt negativen Signalen mehr Bedeutung als positiven. Das liegt warscheinlich an unserer Menschheitsgeschichte: Wenn unsere Urväter ihre Aufmerksamkeit stärker auf das Gefehrliche richteten, hatten sie größere Chancen zu überleben, als wenn sie keine Gefahren sahen. Und die Medien verstärken diese Wahrnehmungsmuster, sodass wir uns die Gegenwart schlechter denken, als sie ist.

→ Groß- und Kleinschreibung

M

Zeitangaben:

Tageszeiten nach Adverbien wie *heute, gestern, morgen ...* werden großgeschrieben: *gestern Abend, morgen Nachmittag ...*

Zeitangaben mit den Endungen **-s** und **-lich** werden kleingeschrieben: *morgens, dienstags, monatlich, alltäglich ...*

Stehen solche Zeitangaben mit einem Artikel, werden sie großgeschrieben: *eines Morgens, das Alltägliche ...*

Nominalisierte Verben:

Die Infinitive von Verben können als Nomen verwendet werden. Dann stehen sie mit einem Artikel, mit einem Adjektiv oder mit *zum, beim, am, im, mit ...*: *das Rechnen, lautes Sprechen, zum Verwechseln ähnlich ...*

Nominalisierte Adjektive und Partizipien:

Adjektive können als Nomen verwendet werden. Dann stehen sie mit einem Artikel oder Wörtern wie *alles, etwas, nichts, viel ...* und erhalten eine Endung wie **-e** oder **-es**: *das Folgende, nichts Neues, etwas Gutes ...*

Gesteigerte Adjektive:

Superlative werden großgeschrieben, wenn man sie mit *wer/was* erfragen kann: *Sie ist (was?) die Beste in der Klasse.*

Superlative werden kleingeschrieben, wenn man sie mit *wie* erfragen kann: *Mir gefällt diese Musik (wie?) am besten.*

---

1 Schreibe in die Zeilen die Wörter in Groß- oder Kleinschreibung hinein.

Er wird sie MORGEN MITTAG _____ besuchen.

Sie geht DIENSTAGS _____ immer zum Training.

Dann kommt sie erst SPÄTABENDS _____ nach Hause.

Doch eines ABENDS _____ konnte sie nicht trainieren.

Sie hatte sich nämlich beim LAUFEN _____ den Fuß verknackst.

Der Fuß tat ihr zum HEULEN _____ weh.

Sie musste am FOLGENDEN TAG _____ zum Arzt.

Der Stützverband bedeutete nichts GUTES _____ für die nächsten Tage.

Ihr Freund hat ihr zum Trost etwas SCHÖNES _____ mitgebracht.

Es gibt nichts ANGENEHMERES _____ als einen guten Freund.

Das hat etwas TRÖSTLICHES _____ in einer solchen Situation.

Seine aufmunternden Worte waren allerdings etwas AUFDRINGLICH _____.

Aber sie sind doch etwas BESSERES _____ als gar nichts.

Am BESTEN _____ ist, man wird bald wieder gesund!

2 Schreibe mit den folgenden Wörtern jeweils zwei kurze Sätze auf, in denen das Wort einmal groß- und einmal kleingeschrieben wird. Im Zweifelsfall schau im Wörterbuch nach.

Nachts: *Eines Nachts*

nachts: *Ich wache nachts*

Morgen: _____

morgen: _____

Schwimmen: _____

schwimmen: _____

Nächstes: _____

nächstes: _____

Schönste: _____

schönste: _____

Englisch: _____

englisch: _____

Gute: _____

gute: _____

3 Schreibe den Witz, in dem (bis auf die Satzanfänge) alles kleingeschrieben ist, richtig auf.

Pitt geht freitagabends immer mit großem vergnügen ins kino. An der kasse verlangt er wie gewöhnlich mit großer selbstverständlichkeit eine kinokarte. Sagt der verkäufer mit einem bedauern: „Das kino ist leider bis auf den letzten platz ausverkauft." Sagt Pitt: „Das macht mir nicht das geringste aus. Dann geben sie mir eben den!"

_____

_____

_____

_____

_____

_____

Getrennt- und Zusammenschreibung 1

Getrennt- und Zusammenschreibung

Nomen und Verb werden in der Regel getrennt geschrieben:
Klavier spielen, Auto fahren, Kuchen backen ...
Manche festen Verbindungen schreibt man zusammen: *kopfstehen, teilnehmen, eislaufen ...*

Verb und Verb werden grundsätzlich getrennt geschrieben: *stehen bleiben, laufen lernen ...*
Manche festen Verbindungen können getrennt oder zusammengeschrieben werden:
kennenlernen / kennen lernen – Sie hatte das Glück, ihn kennenzulernen / kennen zu lernen.

Partizip und Verb werden getrennt geschrieben:
getrennt schreiben, geschenkt bekommen – Sie hatte ein Buch geschenkt bekommen.

Werden solche Verbindungen **nominalisiert**, schreibt man sie zusammen und groß:
beim Klavierspielen, beim Kennenlernen, die Getrenntschreibung ...

1 Schreibe die folgenden Wortfügungen richtig auf.

 Tipp:
Achtung: Darunter sind auch einige Wortfügungen im Infinitiv mit *zu*, die besonders häufig falsch geschrieben werden. Im Zweifelsfall solltest du ein Wörterbuch verwenden.

Sie war fest entschlossen, sich von dem Geld einen TEIL/ZU/NEHMEN _____.

Er hatte keine Lust, an der Veranstaltung TEIL/ZU/NEHMEN _____.

Es machte ihm Spaß, auf dem KOPF/ZU/STEHEN _____.

Es machte ihm Spaß, KOPF/ZU/STEHEN _____.

Im KOPF/RECHNEN _____ war er immer schlecht.

Er konnte das nicht im KOPF/RECHNEN _____.

Sie hat immer wieder Spaß daran, SHOPPEN/ZU/GEHEN _____.

Sie war im BRUST/SCHWIMMEN _____ immer am besten.

Sie hatte das Glück, ihn GEKANNT/ZU/HABEN _____.

Sie hatte das Glück, ihn KENNEN/ZU/LERNEN _____.

Beim ersten KENNEN/LERNEN _____ hatte sie sich in ihn verliebt.

Er hatte heute vor, EIS/ZU/LAUFEN _____.

Und sie hatte vor, lieber ein EIS/ZU/ESSEN _____.

Die eine liebte besonders das EIS/ESSEN _____,

der andere das EIS/LAUFEN _____.

→ Getrennt- und Zusammenschreibung 2

M

Zusammen- und Getrenntschreibung

Adverb und Verb werden in der Regel zusammengeschrieben, wenn das Adverb betont ist:
darüberschreiben ... – Du musst das richtige Wort darüberschreiben.

Sind Adverb und Verb gleich betont, schreibt man getrennt:
darüber schreiben ... – Was für ein Glück! Wir müssen unbedingt etwas darüber schreiben.

Adjektiv und Verb: Die meisten dieser Verbindungen werden getrennt geschrieben:
etwas falsch machen, rot anstreichen, scharf einstellen, sich warm laufen ...
- Manche Verbindungen kann man zusammen- oder getrennt schreiben:
  heißmachen / heiß machen – Wir haben das Wasser heißgemacht / heiß gemacht.
- Ist das Adjektiv erweitert, schreibt man getrennt:
  sehr heiß machen, ganz klein schreiben ... – Wir mussten das Wasser etwas heißer machen.
- Einige feste Verbindungen werden zusammengeschrieben:
  fernsehen, freisprechen, kleinschreiben ... – Pronomen muss man in der Regel kleinschreiben.

---

1 Schreibe die folgenden Wortfügungen richtig auf. Im Zweifelsfall schau im Wörterbuch nach.

Es macht Sinn, manche Wörter ZUSAMMEN/ZU/SCHREIBEN _____ ,

und ebenfalls, andere Wörter GETRENNT/ZU/SCHREIBEN _____ .

Wir müssen noch das Protokoll ZUSAMMEN/SCHREIBEN _____ .

Sie hat ihr Referat ganz FREI/GESPROCHEN _____ .

Der Richter hat den Angeklagten FREI/GESPROCHEN _____ .

Er hatte heute keine Lust, FERN/ZU/SEHEN _____ .

Manchmal macht ihm das FERN/SEHEN _____ keinen Spaß.

Der Motor seines Mofas ist HEIß/GELAUFEN _____ .

Ich muss noch den Pudding KALT/STELLEN _____ .

Seine Vorwürfe hatten sie völlig KALT/GELASSEN _____ .

Beim Duschen musste sie das Wasser etwas KÄLTER/STELLEN _____ .

Er wollte sich beim Training erst noch WARM/LAUFEN _____ .

Da bekam er beim WARM/LAUFEN _____ einen Muskelfaserriss.

Du musst nicht immer so KLEIN/SCHREIBEN _____ !

Dein KLEIN/GESCHRIEBENES _____ kann man kaum lesen.

Dabei meine ich nicht die KLEIN/GESCHRIEBENEN _____ Adjektive,

sondern die so schrecklich KLEIN/GESCHRIEBENEN _____ Buchstaben.

→ Das Pronomen *das* – die Konjunktion *dass*

Das Pronomen *das*

Der **Artikel** im Neutrum lautet **das**: *Das Publikum freut sich über das Spiel.*
- Das **Relativpronomen** lautet **das**. Es leitet einen **Nebensatz** ein, der sich auf ein vorausgehendes Nomen bezieht: *Wir freuen uns auf das Spiel, ← das morgen über die Bühne geht.*
- Das **Demonstrativpronomen** lautet ebenfalls **das**. Es weist auf etwas nachdrücklich hin: *Ich glaube, das gewinnen wir ganz bestimmt.*
- Die **Konjunktion** lautet **dass**. Sie leitet einen **Nebensatz** ein, der sich auf ein vorausgehendes Verb bezieht: *Ich kann mir nicht vorstellen, ← dass wir es verlieren.*
- Die wichtigsten **Signale** für die Konjunktion *dass* sind die Verben des Sagens, Glaubens, Denkens und Fühlens – und die davon abgeleiteten Nomen:
Ich hoffe, ← dass alles gut geht.
Ich habe die Hoffnung, ← dass alles gut geht.

1 Setze in die Lücken *das* oder *dass* ein:

Sie fragte nach dem Buch, _____ sie mir geliehen hatte.

Ich sagte, _____ hätte ich ziemlich langweilig gefunden.

Sie meinte, _____ ich es wohl nicht richtig verstanden hätte.

Ich antwortete, _____ könne man so nicht sagen.

Es sei einfach so, _____ mich das Thema nicht interessiert.

2 Setze in die Lücken dieses witzigen Textes *das* oder *dass* ein:

D_____ Kind soll sich in d_____ Auto setzen, d_____ am Straßenrand steht. D_____ will es aber nicht. Es haut mit den Fäusten auf d_____ Blech, d_____ es nur so scheppert. Eine Frau sieht d_____ und fragt die Mutter: „Darf d_____ d_____?" Die Mutter hört sich d_____ an, sagt aber nichts. Da schüttelt die Frau mit dem Kopf und sagt: „D_____ d_____ d_____ darf!"

3 Bei der Lösung der folgenden Aufgabe muss man gut über die Sätze nachdenken, die ganz ähnlich – aber nicht gleich aussehen. Setze in die Zeilen *das* oder *dass* ein.

Jedermann weiß, _____ Übertreten von Gesetzen kann Strafen zur Folge haben.

Jedermann weiß, _____ Übertreten von Gesetzen Strafen zur Folge haben kann.

Ich glaube, _____ Auslachen kleinen Kindern Schaden zufügen kann.

Ich glaube, _____ Auslachen kann kleinen Kindern Schaden zufügen.

4 Verbinde die folgenden Sätze jeweils mit *das* oder *dass*.
- Bei den Zeilen, die unter den Sätzen stehen, musst du das in Klammern stehende *es* in *das* oder *dass* umformen.
- Setze auch die Kommas ein. Manchmal passt ein Semikolon besser!

Verregneter Ausflug

Der Wetterbericht sagte voraus _____.
                                  am Sonntag scheint die Sonne.

John und Mary konnten nicht ahnen _____.
                                  die Vorhersage war falsch.

Jeder weiß _____.
                                  (es) kommt manchmal vor.

Mary holte also ihr Rad heraus _____.
                                  (es) stand im Keller.

Sie holte John ab _____.
                                  (es) war so verabredet.

Der hatte aber verschlafen _____.
                                  (es) kommt auch manchmal vor.

Doch dann fuhren sie auf das Wäldchen zu _____.
                                  (es) lag am Stadtrand.

Dort aßen sie ihr Picknick _____.
                                  sie hatten (es) mitgebracht.

Kaum hatten sie alles so ausgebreitet _____,
                        ·   sie bekamen Appetit,

da hörten sie ein Donnern _____.
                                  (es) war aber noch sehr fern.

Plötzlich wurde es so dunkel _____.
                                  sie packten alles wieder ein.

Sie hatten aber nicht gedacht _____.
                                  der Regen würde so schnell kommen.

Der prasselte so heftig nieder _____.
                                  sie wurden völlig durchnässt.

Er pladderte in das Geschirr _____.
                                  (es) stand auf dem Waldboden.

John war so sauer _____.
                                  er trat gegen die Tassen.

Mary meinte aber _____.
                                  (es) gehe sicher bald wieder vorüber.

Doch die beiden mussten erfahren _____.
                                  ihre Fahrt war ins Wasser gefallen.

Er glaube, sagte John _____.
                                  er hätte besser im Bett bleiben sollen.

Die Zeichen der wörtlichen Rede

Die amtlichen Regelungen

- Mit **Anführungszeichen** schließt man etwas wörtlich Wiedergegebenes ein:
  *Sie sagte**:** „Ich glaube das nicht."*
- **Satzzeichen**, die zur **wörtlichen Rede gehören** (Punkt, Frage-, Ausrufezeichen), setzt man **vor dem Anführungszeichen** am Ende der wörtlichen Rede:
  *„Glaubst du das etwa nicht**?**", fragte sie.*
- Den **Punkt**, der zum **Begleitsatz** gehört, setzt man nach dem gesamten Satz. Bei der **wörtlichen Rede** selbst **lässt man den Punkt weg**, wenn danach der Begleitsatz steht:
  *„Ich komme morgen", sagte sie**.***
- **Folgt** nach der wörtlichen Rede der **Begleitsatz**, so setzt man **nach** dem Anführungszeichen ein **Komma**: *„Mein Zug hatte Verspätung!**", rief sie.*
- Ist der Begleitsatz in die wörtliche Rede **eingeschoben**, so schließt man ihn mit **paarigem Komma** (davor und dahinter) ein: *„Ich habe**",** sagte er**,** „lange auf dich gewartet."*

1 In dem folgenden Witz fehlen drei Kommas. Setze sie an der richtigen Stelle ein.

Niklas fährt freihändig auf der Straße. Ein Polizist hält ihn an und fragt: „Wie heißt du?"
„Niklas Meier" sagt Niklas. „Dein Alter?" fragt der Polizist. „Auch Meier" sagt Niklas.

2 Im folgenden Witz stehen Zeichen an der falschen Stelle. Korrigiere!

Zwei Freunde sind mit dem Rad unterwegs. Nach einer Weile stoppt der eine und lässt Luft aus dem Reifen. „Was soll denn das jetzt. ", fragt der eine? „Der Sattel , sagt der andere", „ist mir ein bisschen zu hoch ".

3 In diesem Witz sind alle Anführungszeichen richtig gesetzt.
Aber es fehlen einige andere Satzzeichen. Füge sie ein!

Der Polizist fragt einen Verdächtigen   „Sind Sie nicht der Typ, der den Kleinwagen geklaut hat   "
„Aber nein   " sagt der Mann   „Sie können mich ruhig durchsuchen   "

4 Im nächsten Witz stehen alle Satzzeichen an richtiger Stelle.
Aber alle Anführungszeichen fehlen. Füge sie ein!

Müllers sitzen in der S-Bahn. Sag mal , fragt Frau Müller ihren Mann,   fährt der Zug schon?
Nee , brummt Herr Müller. Die Deutsche Bahn trägt den Bahnhof gerade am Zug vorbei.

5 In diesem Witz fehlen alle Satzzeichen und alle Zeichen der wörtlichen Rede. Füge sie ein!

Der Kontrolleur im Bus sagt   Na   mein Junge   für einen Kinderfahrschein
bist du aber schon zu groß   Na   erwidert der Junge   dann hören Sie aber
gefälligst auf   mich zu duzen

→ Das Komma zwischen Hauptsatz und Nebensatz

M

Kommaregeln

1. Der nachgestellte Nebensatz wird vom **Hauptsatz** durch ein Komma getrennt:
Ich freue mich, *dass du heute wieder zum Training erschienen bist.*

2. Der vorausgestellte Nebensatz wird durch ein Komma vom **Hauptsatz** getrennt:
Dass du heute wieder zum Training erschienen bist, *darüber freue ich mich ganz besonders.*

3. Der eingeschobene Nebensatz wird durch paariges Komma (zwei Kommas) von **Hauptsatzanfang** und **Hauptsatzende** getrennt: *Ich würde mich aber*, *wenn du gut spielst*, *noch mehr freuen.*

4. Der eingeschobene Nebensatz wird durch paariges Komma von zwei mit *und* verbundenen **Hauptsätzen** abgetrennt: *Du gehst auf den Platz*, *damit unsere Mannschaft vollständig ist*, *und dann werden wir sehen.*

5. Nebensätze werden untereinander durch Kommas voneinander getrennt: *Es ist sicher*, *dass alles gut geht*, *weil du wieder gesund bist*, *während andere nicht gut drauf sind.*

1 Ordne die folgenden Haupt- und Nebensätze den fünf Regeln zu. Trage die Zahlen ein.

a) _____ Ich komme, wenn es möglich ist, morgen gegen halb vier.

b) _____ Der Bus kann sich aber verspäten, wie es oft passiert, und dann wird es etwas später.

c) _____ Wir reiten dann ein bisschen auf der Pferdeweide, wenn du willst.

d) _____ Ich denke, dass uns das Spaß machen wird, sofern das Wetter mitspielt.

e) _____ Wenn alles klappt, sehen wir uns also morgen.

2 Bilde selbst je einen Satz nach den **Regeln 1–5** im **Merkkasten**:

1) _____

2) _____

3) _____

4) _____

5) _____

3 Setze in den folgenden Satz die Kommas ein:

Gestern Nachmittag war ich bei Sarah auf dem Dorf wo wir erst mit den Pferden ausgeritten sind und danach war ich bei ihr zum Abendessen eingeladen.

4 In dem folgenden Text fehlen 16 Kommas. Füge sie ein.

Alligatorschildkröte beißt Kind

Es gibt wie es scheint keinen Sommer ohne Tiergeschichten. Dieses Jahr gab es die Suche nach einer bissigen Schildkröte. Diese hat dafür gesorgt dass in einem See den Menschen jegliches Badevergnügen vergangen ist. Dort hat eine große Schildkröte bei der es sich wahrscheinlich um eine Alligatorschildkröte handelt einen
5 achtjährigen Jungen gebissen. Das Tier hat dem Jungen als er im See badete die Achillessehne durchtrennt. Weil seit Sonntag der See von einem großen Aufgebot der Feuerwehr gesperrt worden ist haben sich viele Schaulustige dort versammelt. Unklar ist noch ob es sich um eine Geier- oder eine Schnappschildkröte handelt. Beide gehören zur Familie der Alligatorschildkröten. Die Tiere werden mindestens
10 40 Zentimeter groß und bis zu 14 Kilogramm schwer. Sie gelten als sehr gefährlich. Experten hatten zunächst vermutet dass die Verletzung durch eine Glasscherbe verursacht wurde. Erst nach längerer Prüfung bestätigten sie dass die Verletzung mit hoher Wahrscheinlichkeit von einer Alligatorschildkröte herrührt die sich im See befindet. Einige Leute wollen das Tier als sie im See schwammen auch gesehen
15 haben. Wie die Schildkröte in den See kam ist noch unklar. Da sie vermutlich von ihrem Besitzer ausgesetzt worden ist hat man nun Anzeige gegen ihn erstattet.

5 Im folgenden Text fehlen 23 Kommas. Füge sie ein.

Alligatorschildkröte beißt Kind

Da es wie es scheint keinen Sommer ohne Tiergeschichten gibt musste es dieses Jahr die Suche nach einer Schildkröte sein die dafür gesorgt hat dass in einem See den Menschen jegliches Badevergnügen vergangen ist. Dort hat eine große Schildkröte bei der es sich wahrscheinlich um eine Alligatorschildkröte handelt
5 einen achtjährigen Jungen gebissen. Das Tier hat dem Jungen als er im See badete die Achillessehne durchtrennt. Weil seit Sonntag der See von einem großen Aufgebot der Feuerwehr gesperrt worden ist haben sich viele Schaulustige dort versammelt. Unklar ist noch ob es sich um eine Geier- oder eine Schnappschildkröte handelt die beide zur Familie der Alligatorschildkröten gehören. Die Tiere
10 da sie mindestens 40 Zentimeter groß und bis zu 14 Kilogramm schwer werden und bissig sind gelten als sehr gefährlich. Experten hatten zunächst vermutet dass die Verletzung des Jungen durch eine Glasscherbe verursacht wurde. Erst nach längerer Prüfung bestätigten sie dass die Verletzung mit hoher Wahrscheinlichkeit von einer Alligatorschildkröte herrührt die sich im See befindet.
15 Einige Leute wollen das Tier als sie im See schwammen auch gesehen haben. Wie die Schildkröte in den See kam ist noch unklar. Die Polizei vermutet dass sie von ihrem Besitzer ausgesetzt worden ist weswegen man nun Anzeige gegen ihn erstattet hat da die Haltung eines solchen Tieres verboten ist.

→ Das Komma in Infinitivsätzen

Die amtlichen Reglungen

1. Einfache Infinitive mit *zu* **können** durch Komma vom **Hauptsatz** abgetrennt werden:
   Er schaffte es tatsächlich (,) zu spielen.

2. Erweiterte Infinitive mit *ohne zu, statt zu, anstatt zu, um zu, außer zu* **müssen** durch Komma vom **Hauptsatz** abgetrennt werden:
   Er betrat den Platz, um Tore zu schießen.
   Doch anstatt das Tor zu treffen, schoss er zunächst dreimal daneben.

3. Ist ein Infinitiv von einem **Nomen** im **Hauptsatz** abhängig, wird er mit Komma abgetrennt:
   Der Trainer gab ihm die Anweisung, sich besser frei zu laufen / zu laufen.

4. Auch von **Nebensätzen** werden erweiterte Infinitive mit *zu* abgetrennt:
   Am Ende wurde er bejubelt, **weil es ihm gelungen war,** *der Mannschaft zum Sieg zu verhelfen.*

5. Nach *Hauptsätzen* mit *brauchen* und *scheinen* steht kein Komma:
   Das **scheint** *der Mannschaft gut bekommen zu sein.*

1 Ordne die folgenden Sätze den Regeln im Kasten zu. Gib die Ziffern an. Füge die Kommas ein.

Graffiti

a) _____ Sprayer sprühen ihren Schriftzug, das „Tag", an Wände um Ruhm zu erwerben.

b) _____ Es bringt nun eben einmal „Fame" (Ruhm) zu sprühen.

c) _____ Vielen Jugendlichen scheint das wichtig zu sein.

d) _____ Um in der Szene anerkannt zu werden muss sich ein Sprayer an Regeln halten.

e) _____ Die Crew eines Sprayers hat die Aufgabe Schmiere zu stehen.

f) _____ Das Höchste ist, wenn sich eine Sprayer-Crew damit schmückt den eigenen Schriftzug gegen andere Sprayer an die Wand zu sprühen.

g) _____ Für Sprayer ist es nämlich wichtig zu konkurrieren.

2 Füge die 15 Kommas in den folgenden Text ein, die bei Nebensätzen und Infinitivsätzen fehlen.

Hausbesitzern an deren Eigentum sich Sprayer zu schaffen gemacht haben rät die Polizei den Schaden möglichst schnell zu beseitigen sobald die Beamten den Schaden aufgenommen haben. Die Ermittler haben oftmals die Möglichkeit den Täter an seinem „Tag" zu ermitteln. Außerdem ist es so dass dort wo eine Schmiererei schnell entfernt wird in der
5 Regel keine neue hinkommt. Denn den Sprayern kommt es ja darauf an ihren Schriftzug möglichst für längere Zeit anderen sichtbar zu machen. Die Malerinnung rät an gefährdeten Gebäuden Spezialanstriche zu verwenden die ein problemloses Entfernen von Graffiti ermöglichen. Der Schaden der durch Sprayer angerichtet worden ist bewegt sich allein in der Region Hannover im Millionenbereich. „Wir könnten jeden Tag 15 Stunden unterwegs
10 sein um die Taten der Sprayer aufzunehmen" sagte ein Fahnder.

→ Satzzeichen einsetzen

Recht-
schreibung
und Zeichen-
setzung

1 In dem folgenden Text fehlen alle Satzzeichen: die Punkte, die Kommas,
die Ausrufe- und Fragezeichen sowie die Zeichen der wörtlichen Rede.
Lies dir den Text erst einmal durch. Setze dann die Zeichen in den Text ein.
Beachte dabei auch die Großschreibung der Satzanfänge;
schreibe die großen Anfangsbuchstaben darüber.

Sexmus Ronny Müller

Wir möchten für unseren gestern geborenen Sohn den Namen
Sexmus Ronny Müller eintragen lassen sagte der Vater zur Standesbeamtin die Frau sah den Vater kopfschüttelnd an   haben Sie sich
das auch gut überlegt   fragte sie ist denn   fragte der Vater   der
5 Name nicht in Ordnung   die Standesbeamtin machte den Vater darauf aufmerksam dass der Name sehr außergewöhnlich sei weswegen sie erst überprüfen müsse ob sie ihn zulassen könne   kommen
Sie doch bitte in den nächsten Tagen noch einmal vorbei   als der
Vater am nächsten Tag in das Standesamt kam teilte ihm die Beam-
10 tin mit dass sie den Namen genehmigen müsse wieso *müssen* Sie
das   fragte der Vater   na ja sagte die Beamtin er ist zwar außergewöhnlich aber nach meinen Erkundigungen kann ich ihn leider
nicht ablehnen   was heißt hier *leider* rief der Vater   über den
Namen bestimmen doch die Eltern   die Beamtin wandte ein   nicht
15 in jedem Fall da manche Namen nicht zugelassen werden können
wenn sie negativ behaftet sind   was soll an Sexmus Ronny negativ
behaftet sein fragte der Vater   nun sagte die Beamtin er ist zwar
nicht negativ behaftet doch Sie sollten sich einmal überlegen was
andere Kinder Ihrem Jungen antun wenn sie um ihn zu ärgern sei-
20 nen Namen nur leicht verändern   die Frau fuhr fort   um nur zwei
Beispiele zu nennen könnten sie ihn vielleicht *Sexmüller* oder *Müller muss Sex* rufen wäre ihm das wohl angenehm   der Vater kratzte
sich indem er tatsächlich darüber nachdachte am Kopf und sagte
schließlich   gut dann nennen wir ihn eben ganz einfach Felix   das
25 ist ein schöner Name   sagte die Beamtin   das heißt *der Glückliche*
der Vater fragte noch   und was machen wir wenn es ein Pechvogel
wird   der Name wird ihn sicher davor bewahren sagte die Beamtin indem sie erleichtert den neuen Namen in die Geburtsurkunde
eintrug

2 Wenn du alle Zeichen eingesetzt hast, solltest du noch einmal überprüfen:
Es müssen 17 Punkte, 8 Frage- bzw. Ausrufezeichen, 32 Kommas, 4 Doppelpunkte
und 40 einzelne Anführungszeichen gesetzt werden.

Wortarten

Wortarten

Zu den Wortarten, deren Wortanzahl immer mehr zunimmt, zählen:
Nomen:	Lebewesen, Sachen, Begriffe	*Baum, Hund, Haus, Glück, Bildschirm ...*
Adjektive:	Eigenschaften, Merkmale	*rund, groß, klug, computergesteuert ...*
Verben:	Tätigkeiten, Vorgänge	*laufen, schlafen, formatieren ...*

Zu den Wortarten, deren Wortanzahl weitgehend begrenzt ist, zählen:
Adverbien:	zeitliche, örtliche ... Umstände	*gestern, hier, gern ...*
Artikel:	Geschlecht, Einzahl, Mehrzahl	*der, die, das, ein, eine ...*
Pronomen:	Verweise, Bestimmungen	
Personal-	auf Personen bezogen	*ich, du, wir uns, euch ...*
Possessiv-	auf Besitz / Beziehung bezogen	*mein, dein, unser, euer ...*
Demonstrativ-	auf etwas hinweisend	*dieser, jener ...*
Indefinit-	auf eine Menge bezogen	*einige, mancher, alle, niemand ...*
Konjunktionen:	Verbindungen	*und, weil, sodass ...*
Präpositionen:	Verhältnisse	*auf, unter, an ...*

1 Ordne die folgenden 24 Wörter ein:

ALLE – ATTRAKTIV – BEKOMMEN – DEINE – DIE – DIESE – EINE – EUER – GÄHNEN – ICH – IMMER – IN – JENER – LANGEWEILE – MACHEN – MANCHE – MANCHMAL – ÜBER – WEIL – WENN – WIR – WUT – ZORN – ZUFRIEDEN

3 Verben: _____

3 Nomen: _____

2 Adjektive: _____

2 Adverbien: _____

2 Konjunktionen: _____

2 Präpositionen: _____

2 Artikel: _____

2 Personalpronomen: _____

2 Possessivpronomen: _____

2 Demonstrativpronomen: _____

2 Indefinitpronomen: _____

2 Die drei Nomen lassen sich in Adjektive umformen; die beiden Adjektive lassen sich in Nomen umformen. Schreibe sie in die entsprechenden Zeilen hinein.

Zeitformen

Die sechs Zeitformen sind:

Präsens: *Diese Ferien vergesse ich nie.*
Perfekt: *Ich habe sie bis heute nicht vergessen.*
Präteritum: *Ich vergaß allerdings meine Sonnenbrille am Strand, ...*
Plusquamperfekt: *die ich vor das Zelt gelegt hatte.*
Futur I: *Ich werde diese Ferien nie vergessen.*
Futur II: *Die schreckliche Rückfahrt werde ich bald wieder vergessen haben.*

1 Setze die Verben in den angegebenen Zeitformen in den Text ein.

Stau auf der Autobahn

Als wir aus den Ferien in Italien _____ (zurückkommen, Präteritum), befürchteten wir schon,

dass die Autobahn wieder _____ (sperren, Perfekt). Doch nachdem wir den Verkehrs-

funk _____ (hören, Plusquamperfekt), schien alles gut zu gehen.

„Heute _____ (kommen, Futur I) wir bestimmt ohne Stress nach Hause _____",

sagte mein Vater. Und dann _____ (fahren, Präteritum) wir tatsächlich bei schönstem Wetter

die Alpen hinauf. Doch kaum _____ (überschreiten, Plusquamperfekt) wir den Pass _____,

da _____ (fangen, Präsens) es doch tatsächlich an zu regnen. Es goss wie aus Eimern. Meine Mutter sagte:

„So also _____ (empfangen, Präsens) uns Deutschland!" Mit 60 km/h schlichen wir durch das Inntal.

Und vor der Grenze gab es einen Stau. „Der Verkehrsfunk _____ (lügen, Perfekt)!",

rief meine Schwester. Und mein Vater fügte ironisch hinzu: „Der Verkehrsfunk _____ sich bei (informieren, Futur II)

denen von den Wetternachrichten einfach nicht _____!"

Es dauerte fast eine Stunde, ehe wir aus dem Stau wieder heraus_____ (kommen, Plusquamperfekt)

_____. Jetzt _____ (liegen, Präsens) ich in meinem Bett. Die Autofahrt läuft wie

ein Film an meinen Augen vorbei. Bald _____ ich diese schreckliche Rückfahrt wieder (vergessen, Futur II)

_____.

→ Konjunktiv I

Konjunktiv I

Der **Konjunktiv I** wird vor allem in der **indirekten Rede** verwendet:

Direkte Rede: Sie sagte: *„Ich war gestern beim Reitturnier, und morgen gehe ich wieder hin."*
Indirekte Rede: Sie sagte, sie sei gestern beim Reitturnier gewesen, und morgen gehe sie wieder hin.

Das gestohlene Fahrrad

Emma hat mir erzählt, dass ihr gestern ein folgenschweres Missgeschick passiert sei. Als sie am Morgen in den Keller gegangen sei, habe sie ihr Fahrrad nicht gefunden. Da sei ihr wie ein Blitz in Erinnerung gekommen, dass sie es am Abend zuvor am Zaun vor dem Haus abgestellt habe. Dort sei es wahrscheinlich über Nacht gestohlen worden. Emma ist eben immer etwas vergesslich, das ist nichts Neues für mich. Jedenfalls sei sie gleich zu ihrem Vater gelaufen und habe ihm von dem Unglück erzählt. Ich kenne ja ihren Vater. Der ist ein superkorrekter Mann, der sich mit Ausreden nicht zufrieden gibt. Der habe auch gleich gefragt, ob das Rad auch angeschlossen gewesen sei. Das habe sie natürlich bestätigt,

_____

„obwohl ich mir gar nicht so sicher war.

_____

Gefunden habe ich den Schlüssel jedenfalls nicht."

Daraus kann man allerdings nicht schließen, dass Emma gelogen hat; denn außer, dass sie vergesslich ist, verbummelt sie auch oft etwas, das ist ja bekannt. Der Vater habe ihr aber keine Vorwürfe gemacht; es gehe ihm nur um die Versicherung, die zahle nämlich nur, wenn man beweisen könne, dass das Rad angeschlossen gewesen sei. Nun gut, der Schlüssel war nicht aufzufinden, und Emma muss jetzt einige Zeit ohne Fahrrad auskommen. Ich habe ihr aber angeboten, dass sie vorübergehend das Rad meiner Schwester haben könne, die zur Zeit in England im Schüleraustausch sei.

_____

„Aber nur, wenn du mir versprichst, es auch immer abzuschließen."

_____

„Da fällt mir aber ein Stein vom Herzen", sagte Emma

und versprach mir hoch und heilig, dass sie das Rad hüten wolle wie ihren Augapfel. Ob die Versicherung zahlen wird, ist natürlich höchst zweifelhaft. Ihr Vater habe jedenfalls gesagt, das schöne Fahrrad könne sie in den Wind schreiben. Na ja, dann muss sie eben auf ein neues sparen!

1 In diesem Text ist die Rede von mehreren Personen.
  Markiere oder unterstreiche in verschiedenen Farben, wer was sagt:
  - Der **Erzähler** erzählt die Geschichte. Dabei gibt er **Emmas Reden** indirekt wieder. Markiere sie.
  - Emma gibt ihrerseits die Rede **ihres Vaters** indirekt wieder. Markiere sie in anderer Farbe.
  - Außerdem spricht **der Erzähler selbst** einmal **in indirekter Rede**. Unterstreiche seine indirekte Rede.
  - Und **zwei** Stellen sind in **direkter Rede** wiedergegeben. Forme sie in die **indirekte Rede** um und füge sie in den Text ein.

Konjunktiv II

Konjunktiv II

Der **Konjunktiv II** wird vor allem dann verwendet, wenn man Wünsche und Vorstellungen ausdrücken möchte. In der Regel stehen dann die Verben im Konjunktiv II *(fände, gäbe ...)*. Manchmal muss man aber auch die *würde*-Form verwenden, besonders dann, wenn sich der Konjunktiv II nicht vom Präteritum unterscheidet *(ich liebte → ich würde lieben)* – oder wenn der Konjunktiv II zu ungewöhnlich klingt.

1 Forme die *würde*-Formen im folgenden Text in den Konjunktiv II um. Ein oder zweimal könntest du die *würde*-Formen allerdings beibehalten, und einmal *musst* du sie sogar verwenden.

Nehmen wir mal an, ich (~~würde~~) ___fände___ ein Portmonee mit einigen Hundert-Euro-Scheinen *(finden)*, dann *(würde)* _____ ich für einen kurzen Augenblick wahrscheinlich doch in einen Gewissenskonflikt *(kommen)*. *(Würde)* _____ ich dann heimlich das Geld *(behalten)* _____? Dann *(würde)* _____ ich in der nächsten Zeit keinerlei Taschengeldsorgen mehr *(haben)*. Ich *(würde)* _____ vielleicht sogar, natürlich ohne etwas zu verraten, meiner Freundin ab und zu etwas davon *(abgeben)* _____. Wie ich mich kenne, *(würde)* _____ ich das Portmonee aber doch zum Fundbüro *(bringen)*. Denn erstens *(würde)* _____ ich viel zu viel Angst *(haben)*, dass es irgendwie *(herauskommen würde)* _____. Zweitens *(würde)* _____ ich immer daran denken *(müssen)*, ob es sich nicht vielleicht um die Ersparnisse eines gar nicht so reichen Menschen handelt, für den die Welt *(zusammenbrechen würde)* _____, wenn es ihm nicht *(gelingen würde)* _____, sein sauer verdientes Geld wieder zurückzubekommen.

Nein, ich *(würde)* _____ das Geld *(zurückgeben)* _____. Ich bin ein ehrlicher Mensch. Allerdings *(würde)* _____ ich die Hoffnung *(haben)*, dass ich als ehrlicher Finder auch einen Finderlohn *(bekommen würde)* _____. Dann *(würde)* _____ ich für meine Ehrlichkeit zwar noch nicht so reich *(sein)* wie der Besitzer des Geldes, ich *(würde)* _____ mir aber wenigstens etwas Schönes für den Finderlohn kaufen *(können)*.

Und darüber *(würde)* _____ ich mich _____ *(freuen)*.

→ Aktiv – Passiv

Aktiv – Passiv

Ein Satz im Passiv ist die Umkehrung eines Satzes im Aktiv:
Aktiv: *Der Zauberer führt einen Zaubertrick vor.*
Passiv: *Ein Zaubertrick wird von dem Zauberer vorgeführt.*

- Das **Objekt des Aktivs** wird zum **Subjekt des Passivs**:
  einen Zaubertrick → ein Zaubertrick.
- Das **Subjekt des Aktivs** wird im **Passiv** zu einem Satzglied mit *von*:
  der Zauberer → von dem Zauberer.
- Das **Prädikat** wird in eine Form mit *werden* umgeformt:
  führt … vor → wird … vorgeführt.
- Das Satzglied mit *von* kann im Passiv **entfallen**:
  Ein Zaubertrick wird vom Zauberer vorgeführt.

Im folgenden Text stehen alle Sätze im Aktiv. In ihnen kommt das Subjekt *Zauberer* zwölfmal vor. Da der Leser bald weiß, dass hier alles der *Zauberer* tut, müsste das Wort nicht ständig wiederholt werden. Das Passiv bietet nun die Möglichkeit, durch Umformulierung der Sätze ein anderes (wichtigeres) Subjekt an den Satzanfang zu stellen – und den *Zauberer* wegzulassen.

1 Formuliere Sätze, in denen der Zauberer vorkommt, ins Passiv um. Dabei solltest du dir aber überlegen, ob nicht hin und wieder der *Zauberer* stehen bleiben sollte, weil es dem Textverständnis dient. Schreibe den Text in dein Heft oder deine Mappe.

Die magische Kiste

Die „magische Kiste" ist ein uralter Zaubertrick. **Zauberer** führen ihn auf vielen Zauberveranstaltungen vor. **Der Zauberer** trägt die magische Kiste herein. Dann öffnet sie **der Zauberer**. Der Zauberer überzeugt das Publikum mit großem Brimborium davon, dass mit der Kiste alles
5 seine Richtigkeit hat. Dann bittet **der Zauberer** vier Artisten, in die Kiste hineinzusteigen. **Der Zauberer** verschließt die Kiste mit einem Deckel. **Der Zauberer** schiebt in vorgebohrte Löcher Dolche aus Holz langsam und gleichmäßig hinein, bis ihre Spitzen an der anderen Seite wieder herauskommen. Aus der Kiste hört man Schreie. Ein Trommel-
10 wirbel setzt ein. Dann ist es totenstill. **Der Zauberer** zieht die Dolche wieder heraus. **Der Zauberer** öffnet den Deckel mit Simsalabim. Die Artisten springen heraus und verbeugen sich. Das Publikum klatscht Beifall.

Was **ein Zauberer** für diesen Trick braucht, ist eine große Kiste. **Der**
15 **Zauberer** malt sie innen schwarz an. Ein schwarzes Inneres wirkt näm-lich kleiner, als es in Wirklichkeit ist. Weil also viel mehr Platz in der Kiste ist, als es sich das Publikum vorstellen kann, kann **der Zauberer** die Dolche zwischen den Artisten hindurchstoßen, ohne dass **der Zauberer** jemanden verletzt.

→ Satzglieder

Satzglieder

Ein **Satzglied** ist dasjenige Wort oder diejenige Wortgruppe, die man an den **Anfang** des Satzes **verschieben** kann. Die wichtigsten Satzglieder sind:

Subjekt: (wer?)
Ein Kritiker / kam / Goethe / in einer Kurve / entgegen.

Prädikat (oft zweiteilig)**: (was tut einer?)**
Kam Goethe in einer Kurve ein Kritiker *entgegen*?

Adverbial: (wo? / wann?)
In einer Kurve kam Goethe ein Kritiker entgegen.

Objekt: (wen oder was / wem?)
Goethe kam in einer Kurve ein Kritiker entgegen.

1 Die normale Folge der Satzglieder ist:
Subjekt – Prädikat – Adverbial – Objekt – (Prädikat 2. Teil):
In einem Text ändert sich aber die Satzgliedfolge oftmals.
- Schreibe die Sätze der folgenden Anekdote so auf, dass ein gut zusammenhängender Text daraus entsteht. In den ersten Sätzen sind diejenigen Satzglieder unterstrichen, die du an die Satzanfänge verschieben kannst.
Manche Sätze kannst du aber in der angegebenen Form beibehalten.
- Schreibe den Text in dein Heft oder in deine Mappe.

Subjekte	Prädikate	Adverbiale	Objekte	Prädikate 2. Teil
Goethe	ging	eines Tages / im Park		spazieren.
Der Weg	war	sehr schmal,		
nur eine einzige Person	passte	darauf.		
Ein Kritiker	kam	in einer Kurve	dem Meister	entgegen.
Der	hatte	immer wieder einmal	Goethes Werke	kritisiert.
Er	hatte	sogar „närrisch"	manches Buch	genannt.
Er	stand	plötzlich / vor Goethe.		
Er	sagte	herablassend:		
„Ich	weiche		einem Narren	nicht aus!"
Goethe	trat	da		beiseite.
Er	antwortete	lächelnd:		
„Ich		schon!"		

→ Die Objekte

Sprache und Sprachgebrauch

M

Die Objekte

Die deutsche Sprache kennt vier Arten von Objekten:

Akkusativ-Objekt (Frage *wen* oder *was?*):   *Sie unterstützt ihren kleinen Bruder.*
Dativ-Objekt (Frage *wem?*):   *Sie hilft ihm.*
Genitiv-Objekt (Frage *wessen?*):   *Der Bruder bedarf ihrer Hilfe.*
Präpositionales Objekt (Fragen wie *auf* wen, *über* was ...): *Sie achtet auf ihn.*

1 Markiere in jedem der Sätze die Objekte. Schreibe in abgekürzter Form dahinter, um welche Art von Objekt es sich handelt: *Dativ-, Akkusativ-, Genitiv-, Präp. Obj.*

Tipp:
Aber Achtung: Manchmal ist es gar nicht so leicht, ein Objekt vom Subjekt zu unterscheiden!

Sätze mit einem Objekt:

a) Dem Mann kann niemand helfen.   _____

b) Dicke Schnecken fressen Igel am liebsten.   _____

c) Die Schülerin legt sich mit ihrer Freundin an.   _____

d) Sie achtete auf der Party auf ihre jüngere Schwester.   _____

e) Die Mannschaft rühmte sich ihres Sieges.   _____

f) Chaos unter der Bevölkerung hat ein Erdbeben ausgelöst.   _____

Sätze mit zwei Objekten:

g) Die Mutter hat ihrer Tochter zum Geburtstag ein schönes Geschenk gemacht.   _____

h) Das große Paket überreichte sie ihr gleich am Morgen.   _____

i) Die neuesten Nachrichten teilten die Männer ihren Freunden mit.   _____

2 Schreibe die Sätze b, f und h so auf, dass das Subjekt jeweils am Satzanfang steht:

b) _____

f) _____

h) _____

3 Schreibe zwei Sätze mit den Verben *leihen* und *beschuldigen* auf, die zwei Objekte enthalten.

_____

_____

→ Die Stellung der Satzglieder im Text

Sprache und **Sprachgebrauch**

M

Satzgliedstellung in den Sätzen eines Textes

Die **Normalstellung** der Satzglieder in einem Satz ist:

Subjekt	Prädikat	Adverbial	Objekt	Prädikat (2. Teil):
Niklas	*hat*	*in der Englischarbeit*	*eine schlechte Note*	*bekommen.*

In einem zusammenhängenden Text können aber am Anfang und Ende der Sätze unterschiedliche Satzglieder stehen:
- **Die informative Stellung:** Das Bekannte, von dem vorher bereits die Rede war, steht am Anfang des Satzes, und das **Neue**, von dem noch nicht die Rede war, steht am Ende:
  ← *Darüber* / *war* / *er* / **nicht glücklich**.
- **Die emotionale Stellung:** Das emotional Betonte steht am Anfang, das **Neue** am Ende:
  Glücklich / *war* / *er* / *darüber* / **nicht**.

---

1   Hier sind die fünf Satzglieder eines Satzes.
In Normalstellung wären die Satzglieder so angeordnet:

> Paula / schrieb / diesmal / in Mathe / eine Eins.

a) Wie würdest du die Satzglieder anordnen, wenn folgender Satz vorausgeht? Schreibe auf.

Ihre Aufsätze gelingen ihr selten so gut, aber _____

_____

b) Wie würdest du die Satzglieder anordnen, wenn folgender Satz vorausgeht:

In Mathe ist sie sonst eigentlich gar nicht so gut, aber _____

_____

c) Und wie würdest du die Satzglieder anordnen, wenn folgender Satz vorausgeht:

Ihr Bruder kam mit einer Eins im Aufsatz nach Hause, und _____

_____

2   Suche dir aus, mit welchem Satz es weitergehen könnte:

> Sie hat ihren Eltern aber davon nichts gesagt.   Ihren Eltern hat sie davon aber nichts gesagt.
> Gesagt hat sie ihren Eltern aber davon nichts.   Davon hat sie aber ihren Eltern nichts gesagt.

informative Stellung: _____

emotionale Stellung: _____

3   Schreibe den Schlusssatz so auf,
wie du ihn besonders passend findest:

> Die haben sich gewundert nur über Paulas strahlendes Gesicht.

_____

Sprache und Sprachgebrauch

4 In vielen Sprichwörtern stehen die Satzglieder nicht in der Normalfolge *Subjekt, Prädikat, Adverbiale, Objekte*. Sprichwörter sind nämlich oft so aufgebaut, dass ein besonders betontes Satzglied am Anfang steht, wie z. B. ein Objekt. Auf diese Weise kann man sich ein Sprichwort besser merken. Verschiebe in den folgenden Sätzen jeweils das Objekt an den Satzanfang, dann wird ein richtiges Sprichwort daraus.

Man kann von der Liebe allein nicht leben.

___

Kein Kraut ist gegen den Tod gewachsen.

___

Man soll schlafende Hunde nicht wecken.

___

Die Hunde beißen den Letzten.

___

5 In einer emotionalen Antwort steht oft das Objekt am Anfang des Satzes. Forme die rechts stehenden Antworten um:

Das ist ja wieder ein genialer Gedanke von dir!	Du kannst dir die Ironie sparen!
Ich verrate keine Geheimnisse.	Du könntest es mir aber doch sagen!
Wir sollten den Müll an die Straße stellen.	Du brauchst mich ja wohl nicht dabei!
Das können wir auch noch morgen besorgen.	Ich möchte deine Geduld haben!
Komm, wir gehen zusammen ins Kino!	Ich lasse mir das nicht zweimal sagen!
Du brauchst nur auf diese Taste hier zu drücken!	Du hättest mir den Tipp früher geben sollen!
Ich habe schon wieder mit Mary Streit!	Du hältst mich bitte da raus!

→ Training für die Abschlussprüfung

Das folgende Training für die Abschlussprüfung besteht aus zwei Teilen, die sich mit dem gemeinsamen Oberthema **„Bücher und Lesen"** beschäftigen:

Teil 1: Hören und Verstehen

Hinweis:
Höre dir den Original-Radiobeitrag von **osradio 104,8** im Internet unter dem folgenden Link zweimal hintereinander an: www.westermann.de/PS121780
Oder lass dir die folgende Abschrift zweimal vorlesen.
Mach dir während des Zuhörens keine Notizen.
Lies die Aufgaben zum Hörverstehen auf Seite 78 und 79 erst anschließend.

Präsentation der schönsten Bücher Deutschlands

Für ein gutes Buch ist nicht nur der Inhalt entscheidend, sondern auch die Gestaltung, Konzeption und Verarbeitung. Die Stiftung Buchkunst kürt deshalb jedes Jahr die schönsten deutschen Bücher. Zwei Jurys wählen in einem Auswahlverfahren die handwerklich am besten gestalteten Bücher aus. Aufgeteilt in fünf Gruppen gibt es dieses Jahr 25 Gewinner-Bücher. Und da der Begriff „schön" für jeden etwas anderes bedeutet, setzt die Jury auf möglichst objektive Kriterien. Welche das sind, und was die Bücher zum Gewinnen brauchen, weiß Alexandra Sender, Geschäftsführerin der *Stiftung Buchkunst*:

„Prämiert werden dann in der Regel Bücher, die sich durch ein besonders interessantes Buchkonzept hervortun, das sie konsequent umsetzen. Da passen dann eben alle eingesetzten Mittel – angefangen vom Papier über die richtige Schriftwahl und Schriftgröße, das Format, aber auch besondere Ausstattungen – einfach perfekt. Für mich persönlich sind schöne Bücher, in die ich eintauche, wo es sozusagen ein sinnliches Erlebnis ist, und das gelingt nämlich guten und richtig schönen Büchern! Und da erkennt man dann auch die gestalterische Leistung, stimmig mit den bucheigenen Mitteln umgegangen zu sein."

Die Buchgestaltung ist gelungen, wenn sie zunächst in den Hintergrund tritt, den Inhalt des Buches aber unterstreicht. Eine stimmige Gestaltung wirkt sich außerdem positiv auf das Leseerlebnis aus. Aus über 700 Titeln wählte die Jury ihre Favoriten. Aus den 25 ausgewählten Büchern wird zusätzlich ein Gesamtgewinner gekürt. In diesem Jahr schafften es gleich zwei Bücher auf den ersten Platz:

„Das ist zum einen ein Kinderbuch, ein Papp-Buch: *Mein kleiner Wald*. Ein 100 Prozent Recycling-Buch mit schönen Illustrationen. Es hat ein offenes Papier. Das ist der eine der beiden Gewinner, der auch insofern Signal setzen möchte, wir fangen auch bei den ganz jungen Lesern schon an, denn wenn wir die übermorgen noch beim gedruckten Buch haben möchten, muss man denen schon früh vermitteln, wie toll Lesen im Buchobjekt ist!"

Der zweite Gewinner ist ein Kunstband von Katharina Gaenssler: *Sixtina MMXII* (2012). In Zeiten von E-Books und Online-Buchhandlungen ist die Ausstellung für die regionalen Buchhändler eine tolle Möglichkeit, auf das Handwerk der Buchkunst aufmerksam zu machen. So sieht das auch Lennart Neuffer von der *Buchhandlung zur Heide*:

„Es geht nicht bloß darum, dass man Massenauflagen hat, wo Bücher von Maschinen ausgeschmissen werden, sondern es geht auch darum, dass man so die eigentliche Technik des Bücherherstellens mal ein bisschen in den Mittelpunkt rückt. Auch abgestimmt auf den Inhalt, denn eigentlich soll ja so eine schöne Gestaltung den Inhalt noch besonders transportieren!"

Vier Osnabrücker Buchhandlungen präsentieren die schönsten Bücher 2013 vom 9. September bis zum 5. Oktober. Die *Altstädter Bücherstuben*, die *Dom Buchhandlung, Buchhandlung Eicholt* und die *Buchhandlung zur Heide* stellen alle 25 Bücher jeweils eine Woche aus.

Aufgaben zum Hörverstehen

1 Fasse den Inhalt des Hörbeitrags kurz zusammen.

_____ / 1 Punkt

💡 **Hier vollständige Sätze schreiben:**
In dem Hörbeitrag geht es um ...
Der Beitrag geht vor allem darauf ein, ...

💡 **Tipps und Hilfen:**
Die Tipps und Hilfen sollen dich bei diesem Training unterstützen. In der Abschlussprüfung gibt es aber eine solche Unterstützung nicht.

2 Wie heißen die Gesamtgewinner, die im Jahr 2013 von der *Stiftung Buchkunst* ausgezeichnet wurden? Kreuze die Buchtitel an:
- ▪ Abenteuer Wald
- ▪ Latina MMXII [2012]
- ▪ Mein kleiner Hase
- ▪ Sizilien MMXII [2012]
- ▪ Mein kleiner Wald
- ▪ Sixtina MMXII [2012]

_____ / 1 Punkt

💡 **Achtung!**
Hier droht Punktabzug, wenn man außer den richtigen Antworten noch weitere falsche Antworten ankreuzt.

3 Erläutere, welches Signal insbesondere mit der Auszeichnung von Kinder- bzw. Bilderbüchern gesetzt werden soll.

_____ / 1 Punkt

💡 **Tipp:**
Hier im Zusammenhang in ein, zwei Sätzen antworten.

4 Welche Kriterien für die perfekte Gestaltung eines Buches werden in dem Beitrag genannt? Notiere in Stichwörtern.

_____
_____
_____
_____
_____
_____

_____ / 2 Punkte

 Tipp:
Hier möglichst viele Stichwörter aufzählen: Manchmal sind drei, vier oder mehr richtige Nennungen nötig, um die volle Punktzahl zu erreichen.

5 Welche Intentionen verfolgt die Autorin mit ihrem Beitrag vorrangig? Kreuze die zutreffende Kombination an und begründe deine Entscheidung in einem Satz.

- ▪ unterhalten und werben
- ▪ unterhalten und informieren
- ▪ kritisieren und appellieren
- ▪ informieren und kritisieren
- ▪ informieren und werben
- ▪ unterhalten und kritisieren

_____
_____
_____
_____

_____ / 1 Punkt

 Tipp:
Hier müssen beide Teile der Aufgabe richtig gelöst werden, um den Punkt zu bekommen.

Zwischensumme
_____ / 6 Punkte

Teil 2: Lesen und Verstehen – Untersuchen und Schreiben

Text 1

 Eine Karikatur lesen:
- Worum geht es?
- Was ist abgebildet: Situation / Ort, Figuren, Gegenstände?
- Was tragen die Texte bei?
- Wer oder was wird kritisiert?

80

1 Beschreibe die Karikatur von *Schwarwel* [2010].

_____ / 2 Punkte

 Tipp:
Schreibe vollständige Sätze. Mach im ersten Satz Angaben zur Karikatur, zum Karikaturisten und zum Jahr. Beschreibe die Situation und was die Figuren tun und sagen. Welche Gegenstände sind von Bedeutung?

2 Wer oder was wird kritisiert?

_____ / 0,5 Punkte

Tipp:
Antworte in Stichwörtern.

Text 2

Jeder Fünfte liest E-Books

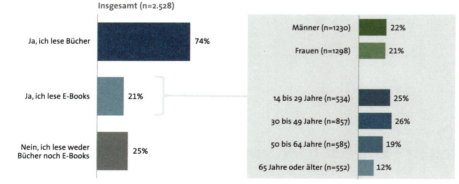

Lesen Sie zumindest hin und wieder Bücher oder E-Books für berufliche oder private Zwecke?*

Insgesamt (n=2.528)
- Ja, ich lese Bücher — 74%
- Ja, ich lese E-Books — 21%
- Nein, ich lese weder Bücher noch E-Books — 25%

- Männer (n=1230) — 22%
- Frauen (n=1298) — 21%
- 14 bis 29 Jahre (n=534) — 25%
- 30 bis 49 Jahre (n=857) — 26%
- 50 bis 64 Jahre (n=585) — 19%
- 65 Jahre oder älter (n=552) — 12%

BITKOM
Basis: Alle Befragten (n=2.528), *Mehrfachnennungen möglich
Quelle: Bitkom Research 2013

 Ein Balkendiagramm lesen:
- Worum geht es?
- Wer hat die Umfrage durchgeführt – wann?
- Sind absolute oder Prozentzahlen dargestellt?
- Gab es die Möglichkeit zu Mehrfachantworten?

3 Werte das Balkendiagramm aus. Formuliere Kernaussagen.

_____ / 1,5 Punkte

 Tipp:
Schreibe die Ergebnisse in drei kurzen Sätzen auf.

4 Welches Ergebnis finden einige Leute vermutlich bedenklich?

_____ / 0,5 Punkte

Tipp:
Antworte in Stichwörtern.

Text 3

E-Book-Nutzer setzen auf Smartphones

Berlin, 12. März 2014 – Mehr als jeder siebte Leser digitaler Bücher in Deutschland greift täglich zum Smartphone, um darauf zu lesen. Das ist das Ergebnis einer repräsentativen Befragung im Auftrag des Hightech-Verbands BITKOM und des Börsen-
5 vereins des Deutschen Buchhandels. Besonders jüngere E-Book-Nutzer setzen auf das Smartphone. „Smartphones entwickeln sich mit ihren großen und hochauflösenden Bildschirmen zum Lieblingslesegerät der Deutschen", sagt Achim Berg, Vizepräsident des BITKOM. „Der große Vorteil von Smartphones: Sie
10 sind immer mit dabei. Jederzeit können dank schneller mobiler Internetverbindungen in wenigen Sekunden neue Bücher direkt auf das Gerät geladen werden." „Viele E-Book-Plattformen synchronisieren den aktuellen Lesestand über verschiedene Lesegeräte. Das verändert auch das Leseverhalten. Bei kurzen
15 Wartezeiten wird heute das Smartphone gezückt und an der Stelle weitergelesen, an der man am Abend zuvor auf einem anderen Gerät aufgehört hat", erklärt Steffen Meier, Sprecher beim Börsenverein des Deutschen Buchhandels. Noch werden am häufigsten Desktop-Computer und Laptops als Lesegeräte
20 für E-Books genutzt, gefolgt von Tablets und E-Readern. Einen E-Reader, also ein Gerät, das speziell zum Lesen von E-Books entwickelt wurde, nutzt jeder vierte Leser digitaler Bücher. Der Bildschirm von E-Readern ist besonders augenfreundlich. Zudem haben die Geräte eine lange Akkulaufzeit.

5 Welche der folgenden Aussagen lassen sich aus dieser Pressemeldung entnehmen? Kreuze an:

	ja	nein
a) Besonders junge Leute lesen E-Books auf dem Smartphone.		
b) Die meisten Leser kaufen E-Books bei Online-Buch-Shops.		
c) E-Books werden multimedial.		
d) E-Book-Reader sind besonders augenfreundlich.		
e) Der Lesestand lässt sich auf verschiedenen Geräten synchronisieren.		
f) Nahezu genau so viele Frauen wie Männer lesen E-Books.		

Eine Pressemeldung lesen:
- Unterstreiche beim ersten Lesen die Namen der Experten und was sie wörtlich sagen.
- Markiere Fachbegriffe und Umfrageergebnisse.

_____ / 2 Punkte

Tipp:
Vergleiche die Aussagen mit der Pressemeldung und kreuze an. **Achtung!** Hier droht Punktabzug, wenn man falsch ankreuzt.

Text 4

E-Book-Skeptiker bevorzugen die Haptik von Papier

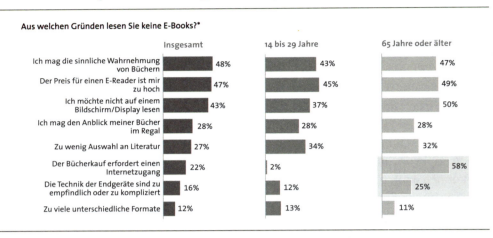

Leichte Verfügbarkeit von Büchern wichtigster Grund für E-Books

6 Sieh dir beide Balkendiagramme an. Welchen der Gründe, *keine E-Books zu lesen* oder *E-Books zu nutzen*, findest du am wichtigsten? Entfalte dieses Argument.

 Zwei Balkendiagramme lesen:
- Worum geht es?
- Wer hat die Umfrage durchgeführt – wann?
- Sind absolute oder Prozentzahlen dargestellt?
- Wer wurde befragt?
- Gab es die Möglichkeit zu Mehrfachantworten?

_____ **/ 1 Punkt**

 Tipp:
Antworte im Zusammenhang in ein, zwei Sätzen.
Nenne das Argument, begründe und erläutere es, führe ein Beispiel an.

Text 5

Das letzte Buch (1970)

Marie Luise Kaschnitz

Das Kind kam heute spät aus der Schule heim. Wir waren im Museum, sagte es. Wir haben das letzte Buch gesehen. Unwillkürlich blickte ich auf die lange Wand unseres Wohnzimmers, die früher einmal mehrere Regale voller Bücher verdeckt haben, die aber jetzt leer ist und weiß getüncht, damit das neue plasti-
5 sche Fernsehen darauf erscheinen kann. Ja und, sagte ich erschrocken, was war das für ein Buch? Eben ein Buch, sagte das Kind. Es hat einen Deckel und einen Rücken und Seiten, die man umblättern kann. Und was war darin gedruckt, fragte ich. Das kann ich doch nicht wissen, sagte das Kind. Wir durften es nicht anfassen. Es liegt unter Glas. Schade, sagte ich. Aber das Kind war schon weg-
10 gesprungen, um an den Knöpfen des Fernsehapparates zu drehen. Die große, weiße Wand fing sich an zu beleben, sie zeigte eine Herde von Elefanten, die im Dschungel eine Furt durchquerten. Der trübe Fluss schmatzte, die eingeborenen Treiber schrien. Das Kind hockte auf dem Teppich und sah die riesigen Tiere mit Entzücken an. Was kann da schon drinstehen, murmelte es, in so einem Buch.

7 Fasse den Inhalt der Kurzgeschichte zusammen.

8 Zitiere aus dem Text eine Metapher bzw. Personifikation:

_____ (Zeile: _____)

und eine rhetorische Frage: _____

_____ (Zeile: _____)

 Eine Kurzgeschichte lesen:
- Worum geht es?
- Markiere die Personen und was sie sagen. Was fällt bei den wörtlichen Reden auf?
- Aus welcher Perspektive wird erzählt, in welcher Zeitform?
- Wo wirkt die Sprache sachlich berichtend, wo eher anschaulich erzählend?
- Markiere sprachliche Mittel, wie Metapher, Personifikation, rhetorische Frage.

_____ / 2 Punkte

 Tipp:
Schreibe einen Einleitungssatz mit Angaben zu Textsorte, Autorin Titel, Jahr und Thema. Fasse die Handlungsschritte kurz zusammen.
Achtung:
- Präsens
- keine Ich-Form
- keine wörtliche Rede

_____ / 1 Punkt

 Tipp:
Setze Anführungszeichen, gib die Zeilen an. Achte auf den exakten Wortlaut und die Zeichensetzung.

9 Weise nach, dass es sich bei diesem Text um eine Kurzgeschichte handelt. Notiere drei typische Merkmale, die auf die Geschichte zutreffen.

– _____
– _____
– _____

_____ / 1 Punkt

 Tipp:
Antworte in Stichwörtern oder in kurzen Sätzen.

Text 6

Das Buch

Robert Gernhardt

Ums Buch ist mir nicht bange.
Das Buch hält sich noch lange.

Man kann es bei sich tragen
4 und überall aufschlagen.

Sofort und ohne Warten
kann dann das Lesen starten.

Im Sitzen, Liegen, Knien
8 ganz ohne Batterien.

Beim Fliegen, Fahren, Gehen –
ein Buch bleibt niemals stehen.

Beim Essen, Kochen, Würzen
12 ein Buch kann nicht abstürzen.

Die meisten andren Medien
tun sich von selbst erledigen.

Kaum sind sie eingeschaltet,
16 heißt's schon: Die sind veraltet!

Und nicht mehr kompatibel –
marsch in den Abfallkübel

Zu Bändern, Filmen, Platten,
20 die wir einst gerne hatten,

und die nur noch ein Dreck sind.
Weil die Geräte weg sind

und niemals wiederkehren,
24 gibts nichts zu sehn, zu hören.

Es sei denn, man ist klüger
und hält sich gleich an Bücher,

die noch in hundert Jahren
28 das sind, was sie stets waren:

Schön lesbar und beguckbar,
so stehn sie unverruckbar

In Schränken und Regalen
32 und die Benutzer strahlen:

Hab'n die sich gut gehalten!
Das Buch wird nicht veralten.

Ein Gedicht lesen:
- Wie wirkt das Gedicht auf dich?
- Welches Anliegen, wird vorgetragen?
- Wo äußert sich das Ich persönlich?
- Wo wird argumentiert, appelliert und ein Fazit gezogen?
- Beschreibe die Form: Strophen, Verse, Reimschema.
- Unterstreiche sprachliche Mittel, z. B. Aufzählung, Lautmalerei, Metapher / Personifikation, Umgangssprache, Fachwörter.
- Markiere Textstellen, die humorvoll oder komisch wirken.

10 Robert Gernhardt hat viele humorvolle Gedichte geschrieben. Zitiere Wörter oder Verse, die in dem Gedicht „Das Buch" in besonderer Weise zur Komik beitragen.

_____ (Vers: _____)
_____ (Vers: _____)
_____ (Vers: _____)

_____ / 1 Punkt

Setze Anführungszeichen, gib die Verse an. Achte auf den exakten Wortlaut und die Zeichensetzung.

11 Nenne Gründe, die in dem Gedicht für das Lesen von gedruckten Büchern vorgebracht werden.

_____ / 1,5 Punkte

Tipp:
Nenne mindestens fünf unterschiedliche Gründe. Antworte in Stichwörtern oder in ganzen Sätzen

Zwischensumme
_____ / 14 Punkte

Einen zusammenhängenden Text schreiben – zwei Aufgaben zur Wahl

- Lies die folgenden beiden Wahlaufgaben aufmerksam.
  Entscheide dich dann für Wahlaufgabe 1 oder Wahlaufgabe 2.
- Die Wahlaufgaben bestehen jeweils aus mehreren Teilaufgaben.
  Diese Teilaufgaben sind der Schreibplan, an den du dich halten musst.
- Lies die Aufgabenstellungen mit dem Stift in der Hand: Markiere und unterstreiche.
- Bearbeite eine Teilaufgabe nach der anderen. Schreibe den Text auf ein Extra-Blatt.

1 Wahlaufgabe 1

Setze dich mit dem Thema **„Haben Bücher eine Zukunft oder lesen wir bald nur noch digital?"** kritisch auseinander. Schreibe einen informierenden und argumentierenden Text.
Bearbeite dazu die folgenden Aufgaben a) bis e).

a) Stelle einleitend die Karikatur von *Schwarwel* vor **[Text 1]**.

_____ / 2 Punkte

Tipp:
Nenne das Thema. Beschreibe kurz die Karikatur.
Stelle ihre Kritik in Frage und leite zu Teilaufgabe b) über.
Haben Bücher keine Zukunft mehr, lesen …? Auf diese Frage … Auf der Karikatur aus dem Jahre … sieht man … Haben Bücher also wirklich …?

b) Informiere darüber, in welchem Umfang Bücher und E-Books gelesen werden. Beziehe dich auf die Ergebnisse der Bitkom-Umfrage **[Text 2]**.
Gib eine persönliche Wertung ab.

_____ / 3 Punkte

Tipp:
Nenne Quelle und Jahr der Erhebung. Erläutere die Ergebnisse.
Ziehe Schlussfolgerungen.
*In einer Studie von … aus dem Jahr … wurde die Frage gestellt: …
Mit … antworteten … Vor allem zeigt die Umfrage, dass … Also …
Meiner Meinung nach …*

c) Informiere über das Leseverhalten von E-Book-Nutzern und darüber, was Experten dazu sagen **[Text 3]**.

_____ / 3 Punkte

Tipp:
Nenne Quelle und Jahr der Umfrage. Beschreibe das Leseverhalten.
Füge Zitate ein.
Das Leseverhalten der E-Book-Leser wurde … untersucht. Als Lesegeräte genutzt werden vor allem … Besonders die Jüngeren lesen …

85

d) Argumentiere, warum Leser lieber zu Büchern oder zu E-Books greifen **[Text 4]**. Führe einige Argumente an, die dir wichtig sind. Ergänze sie mit Beispielen, auch aus deiner Leseerfahrung.

_____ / 4 Punkte

Tipp:
Knüpfe an den vorhergehenden Abschnitt an. Beschränke dich auf die Argumente, die dir wichtig sind und entfalte diese.
E-Books verändern also ... Denn ... Aus meiner Sicht spricht vor allem für ..., dass ... Deshalb ... So ... Außerdem ... Zum Beispiel ... Auf diese Weise habe ich zum Beispiel ... Aber es gibt auch viele Gründe ... Einige ... Andere ... Der wichtigste Grund aber, warum so viele Leser ... Dagegen ist ...

e) Ziehe ein abschließendes Fazit. Beurteile, wie sich deiner Meinung nach die Bedeutung von Büchern und E-Books weiterentwickeln wird. Und welche Folgen könnte das für dich und andere Leser haben?

_____ / 2 Punkte

Tipp:
Erkläre abschließend, wie du die zukünftige Entwicklung einschätzt: Wird die Bedeutung von E-Books in Zukunft wachsen? Werden sie das traditionelle Buch ganz und gar verdrängen? Wie wirst du in Zukunft lesen?
Am Ende meiner Überlegungen komme ich zu dem Fazit, dass ... Vermutlich werden ... Aber ich bin auch der Überzeugung ... Ich denke, mir geht es wie vielen Jugendlichen: Ich lese ... Für mich ... Und es wäre doch (schade / schön / bedauerlich / wünschenswert), wenn ...

Zwischensumme
_____ / 14 Punkte

2   Wahlaufgabe 2
Stelle dir vor, du postest ab und zu in einem Buch-Blog. Heute schreibst du einen Beitrag zum Thema „Welche Zukunft hat das Buch?", in dem du deinen Lesern zwei literarische Texte vorstellst.
• Schreibe einen interpretierenden und appellierenden Beitrag für den Blog.
• Bearbeite dazu die folgenden Aufgaben a) bis d).

a) Begrüße deine Leser und überlege einleitend, warum du dir Gedanken über die Zukunft von Büchern machst.

_____ / 2 Punkte

Tipp:
Sprich deine Leser an und führe in das Thema ein. Leite zu den folgenden Abschnitten über.
Hallo, ihr da draußen, geht es euch auch so wie mir? Immer öfter lese ich auf dem Smartphone statt in einem Buch. Da kann man sich schon Gedanken machen, ob Bücher ... Deshalb möchte ich euch heute ... vorstellen, ...

b) Stelle die Kurzgeschichte „Das letzte Buch" von Marie Luise Kaschnitz vor **[Text 5]**. Gib eine kurze Zusammenfassung des Inhalts und deute den Text.

_____ / 5 Punkte

Tipp:
Erkläre, worum es in der Kurzgeschichte geht und wie du sie interpretierst. Füge ab und an ein Zitat als Beleg für deine Aussagen ein.
Der erste Text ist die Kurzgeschichte ... von ... aus dem Jahr ... Erzählt wird ... Die Handlung spielt ... Es geht um ... Daraufhin ... Das Verhalten des Kindes erkläre ich mir so: ... Der Ich-Erzähler dagegen ... Offen bleibt für mich, warum ... Sprachlich auffällig finde ich ...

c) Stelle Robert Gernhardts Gedicht „Das Buch" vor **[Text 6]**. Deute den Inhalt, die Form (Art der Strophen, Verse, Reime) und die Wirkung des Gedichtes.

_____ / 4 Punkte

Tipp:
Auch das Gedicht soll interpretiert werden. Knüpfe in der Überleitung an den vorhergehenden Abschnitt an.
Ganz anders dagegen wirkt der zweite Text, das Gedicht ... von ... aus dem Jahr ... Gleich in den ersten Versen ... Humorvoll schildert das Gedicht ... Es warnt ausdrücklich vor ... Und es wird empfohlen, ... Immer zwei Verse bilden ... und reimen sich ... Manche Verse klingen ... Das unterstreicht ... Hinter dem Witz erkenne ich ...

d) Beschreibe im Schlussteil, wie die beiden Texte auf dich gewirkt haben. Ziehe ein Fazit. Richte abschließend eine persönliche Empfehlung oder Bitte an die Leser des Blogs.

_____ / 3 Punkte

Tipp:
Stelle die unterschiedliche Wirkung der Texte gegenüber. Formuliere eine Schlussfolgerung. Verabschiede dich von deinen Lesern mit einem persönlichen Appell.
Beide Texte finde ich ... Die Kurzgeschichte von Marie Luise Kaschnitz ... Robert Gernhardts Gedicht hat mich ... Ich denke ... Wir alle ... Also, liebe Leute, ... Bitte, ...

Zwischensumme
_____ / 14 Punkte

- Kontrolliere deine Arbeit: Hast du alle Aufgaben bearbeitet und nichts übersehen?
- Korrigiere sprachliche Fehler: Ausdruck, Grammatik, Rechtschreibung, Zeichensetzung.
- Tauscht eure Arbeiten untereinander aus und bewertet sie gegenseitig. Hinweise dazu findet ihr im Lösungsteil.
- Zählt die Punkte zusammen.

Aufgaben zum Hörverstehen	_____	/ 6 Punkte
Aufgaben zu den Texten	_____	/ 14 Punkte
Wahlaufgabe	_____	/ 14 Punkte
sprachlicher Ausdruck	_____	/ 6 Punkte
Rechtschreibung/Zeichensetzung	_____	/ 6 Punkte
Gesamt	_____	**/ 46 Punkte**

Quellen

Texte

Seite 11–12: Mirjam Pressler im Interview (verändert und gekürzt). Nach: Sarah Kröger: „Mir tun junge Menschen leid, wenn sie gar nicht lesen." Interview mit Mirjam Pressler http://www.planet-interview.de/interviews/mirjam-pressler/34896/ am 07.04.2014

Seite 14: 1000 Tage World of Warcraft: Verschwende Deine Jugend. Ein Kommentar von Hans-Peter Müller. Aus: UNTERM STRICH, 05. Mai 2014. http://www.badische-zeitung.de/meinung/kommentare/ 1000-tage-world-of-warcraft-verschwende-deine-jugend 1/2 am 09.05.2014

Seite 16: Grönlands Nordosten beginnt zu tauen (verändert und gekürzt). Nach: Axel Bojanowski: http://www.spiegel.de/wissenschaft/natur/klimawandel-groenlands-nordosten-taut-wegen-erderwaermung a-958993.html am 09.04.2014

Seite 17: Jens-Karl Bochtler: Tschüs, Lübeck! http://www.spiegel.de/spam/spam-satire-luebeck-klimawandel-a-959537.html am 20.03.2014

Seite 25: Johanna und Günter Braun: Herrn Morphs Konsequenz. Aus: Dies.: 52 Geschichten. Insel Verlag. Frankfurt am Main 1998

Seite 27: Deutsche wollen Verbot von Plastiktüten (gekürzt). Nach: http://www.stern.de/politik/deutschland/ stern-umfrage-deutsche-wollen-verbot-von-plastiktueten-1986329.html am 5.02.2014

Seite 27: Ralf Nestler: Streit um Plastiktüten: Die Tütchenfrage (gekürzt). Nach: http://www.tagesspiegel.de/wissen/ streit-um-plastiktueten-die-tuetchenfrage/9093990.html am 12.02.2014

Seite 28: Stefan Kaufmann: Kampf gegen die Plastik-Plage (gekürzt). Nach: http://www.handelsblatt.com/politik/ international/eu-will-tueten-verbieten-kampf-gegen-die-plastik-plage-seite-all/9024478-all.html am 05.02.2014

Seite 40–43: Alle Auszüge aus: Max Frisch: Andorra. Text und Kommentar. Suhrkamp BasisBibliothek 8. 17. Auflage 2012. © Suhrkamp, Frankfurt am Main 1961 (Text) / 1999 (Kommentar)

Seite 46: Mascha Kaléko: Sehnsucht nach dem Anderswo. Aus: Dies.: In meinen Träumen läutet es Sturm. © Deutscher Taschenbuch Verlag GmbH und Co. KG. München. 27. Auflage 2007, Seite 68

Seite 48: Mascha Kaléko: In den Regen. Aus: Dies.: Das lyrische Stenogrammheft. © 1978 Rowohlt Taschenbuch Verlag, Reinbek

Seite 50–51: Leonie Ossowski: Die Metzgerlehre. Aus: Dies.: Mannheimer Erzählungen. Piper Verlag. München 1974

Seite 77: Elena Ahler: Präsentation der schönsten Bücher Deutschlands (Podcast und Transkript). © osradio 104,8 Podcast ist zu hören unter: www. westermann.de/PS121780

Seite 81: Pressemeldung vom 12. März 2014 (Auszüge): E-Book-Nutzer setzen auf Smartphones. http://www.bitkom.org/de/presse/8477_78920.aspx am 28.03.2014

Seite 83: Marie Luise Kaschnitz: Das letzte Buch. Aus: Dies.: Steht noch dahin. Betrachtungen. Insel Verlag, Frankfurt am Main 1970. insel taschenbuch 1719, 1. Auflage 1995, Seite 81

Seite 84: Robert Gernhardt: Das Buch. Aus: Ders.: Im Glück und anderswo. Gedichte. Fischer Taschenbuch Verlag. Frankfurt am Main 2002, 2. Auflage Juni 2010, Seite 268f.

Bilder

Umschlagfotos: Umschlagfotos: plainpicture, Hamburg (Häuser); gettyimages, München (Jugendliche, Fahrrad)

Seite 11: Picture-Alliance GmbH, Frankfurt am Main (dpa-Zentralbild / Jan Woitas)

Seite 14: Badischer Verlag, Freiburg (aus: Badische Zeitung, Freiburg, vom 5. Mai 2014)

Seite 16: Picture-Alliance GmbH, Frankfurt am Main (AP)

Seite 17: Klaus Ungerer

Seite 19: Thomas Plaßmann, Essen

Seite 22: Druwe & Polastri, Cremlingen / Weddel

Seite 27: Picture-Alliance GmbH, Frankfurt am Main

Seite 79: Glücklicher Montag – AGM Leipzig GmbH, Leipzig (Schwarwel)

Seite 80 und **82:** BITKOM, Berlin (2014). Quelle: BITKOM Research, 2013

→ Lösungen zum Arbeitsheft „Praxis Sprache 10"

Seite 7:

Aufgabe 1:

a) Argumente gegen übermäßigen Zuckerkonsum

Übermäßiger Zuckerkonsum kann ...

- ... Übergewicht verursachen.
- ... die Gesundheit gefährden.
- ... Herz- / Kreislauferkrankungen und Herzinfarkte verursachen.
- ... Diabetes Typ 2 und sogar Krebs verursachen.
- ... abhängig / süchtig machen.
- ... kann die Weltgesundheit bedrohen.
- ... führt zu erhöhten Kosten im Gesundheitswesen.

b) Argumente für Zucker

- Zucker ist ein Naturprodukt.
- Zucker ist ein Genussmittel.
- Zucker veredelt / verbessert viele Speisen.

c) Forderungen des Redners

- Kampf gegen die Zuckerlobby
- Verpflichtende, leicht verständliche Angaben des Zuckergehalts auf Verpackungen
- Verpflichtende Kennzeichnung durch „Lebensmittel-Ampel"
- Höhere Besteuerung zuckerhaltiger Lebensmittel
- Boykott übermäßig zuckerhaltiger Lebensmittel

Seite 8:

Aufgabe 5: → **Redestrategien**

Prolepsis:

Sie könnten jetzt einwenden, das Zucker-Problem sei doch leicht zu lösen, indem man einfach auf Süßigkeiten verzichtet. ... Wenn Sie das für eine Lösung des Problems halten, dann werden Sie Ihr blaues Wunder erleben. (Zeile 44–50)

Pluralis auctoritatis:

Nur wenn wir Verbraucher an einem Strang ziehen, werden wir die Zuckerindustrie in die Knie zwingen können. (Zeile 121–123)

Anticipatio:

Und heute besteht kein Zweifel mehr daran, dass übermäßiger Zuckerkonsum auch in Zukunft Millionen Menschen das Leben kosten und Milliarden an Gesundheitskosten verschlingen wird. (Zeile 98–101)

Abwertung des Gegners:

Diese Leute sollten sich einmal ernsthaft mit den aktuellen Forschungsergebnissen auseinandersetzen. (Zeile 82–83)

Eigene Aufwertung:

Auf diese Entwicklung haben wir schon vor über zehn Jahren hingewiesen, aber unsere Warnungen wurden in den Wind geschlagen. Heute aber besteht kein Zweifel mehr, dass sich unsere Befürchtungen mehr als erfüllt haben. (Zeile 94–97)

Appell:

Ich appelliere an Sie alle, mit uns den Kampf gegen die Zuckerlobby aufzunehmen. Ich bitte Sie um Ihre Unterstützung bei unserer Forderung nach ... (Zeile 108–110)

→ **Rhetorische Mittel**

Parallelismus:

Natürlich wissen die meisten Menschen, dass zu viel Zucker schädlich ist. Natürlich wissen sie, dass ein Übermaß an Zucker zu Übergewicht führt. Und natürlich wissen sie, dass ... (Zeile 25–27)

Metapher:

Das ist keine Schwarzmalerei genussfeindlicher Spaßverderber, die Ihnen die Freude an Ihrer Schokolade durch das Schreckgespenst „Zucker" verderben wollen. (Zeile 33–35)

Rhetorische Frage:

Wie lange wollen wir uns noch von der Zuckerlobby hinters Licht führen lassen? Wie lange wollen wir es noch hinnehmen, dass unsere Kinder und Enkelkinder mit Lebensmitteln übergewichtig und krank gemacht werden? (Zeile 102–105)

Personifikation:

Die Zahlen sprechen eine deutliche Sprache: ... (Zeile 42)

Antithese:

Denn auch wir Konsumenten haben es in der Hand, uns für richtig oder falsch, vernünftig oder unvernünftig und für gesund oder krankmachend zu entscheiden. (Zeile 119–121)

Seite 9:

Aufgabe 1:

Baustein 3: Weigerung, den Missstand untätig hinzunehmen

Baustein 2: Beschreibung des Missstands anhand eines Beispiels

Baustein 1: Begrüßung und Danksagung

Baustein 5: Abwertung der Gegner und ihrer Argumente

Baustein 7: abschließende Danksagung

Baustein 6: Appelle

Baustein 4: Vorwegnahme möglicher Gegengründe

Seite 10:

Aufgabe 3: **Mögliche Maßnahmen:**

Hundeverbot auf dem Schulgelände / Verbotsschilder / Kontrollgänge durch Ordnungsamt ...

Aufgabe 4:

→ **Rhetorische Mittel:**

a) rhetorische Frage: Zeile 7–8, 15–16

b) Metapher: Zeile 28

c) Parallelismus: Zeile 3–5, 21–23, 32–34

d) Exemplum: Zeile 9–13

→ **Redestrategien:**

a) Abwertung des Gegners: Zeile 7–8, 16–17

b) Prolepsis: Zeile 32–34

c) Appell: Zeile 27–31

d) Anticipatio: Zeile 27

Seite 11:

Aufgabe 1 (mögliche Lösung):

Frage 1 und 2: Lesemüdigkeit der Jugend, Unersetzbarkeit von Büchern

Frage 3: Gründe, Bücher zu schreiben

Frage 4 und 5: Geschichten, Bücher als Rede- und
Denkanstöße, als Lebenshilfe

Frage 6 und 7: Adaption von Klassikern: wichtig und
schwierig

Frage 8: Bedeutung von Toleranz und Vernunft heute

Frage 9: Bedeutung von Klassikern als kulturelles Erbe

Frage 10 und 11: Möglichkeiten und Akzeptanz von
E-Books

Seite 13:

Aufgabe 2 (mögliche Lösung):

„Mir tun junge Menschen leid, wenn sie gar nicht
lesen." (Originaltitel)

Aufgabe 3:

a) Antwort zu Frage 10, b) Antwort zu Frage 7,
c) Antwort zu Frage 9, d) Antwort zu Frage 8

Aufgabe 4:

• Antworten zu den Fragen 10 und 11 markieren

• Frau Pressler sagt, sie habe noch kein E-Book gelesen, könne es sich aber vorstellen, vor allem auf Reisen. Es sei für sie in Ordnung, wenn Jugendliche lieber
E-Books statt Bücher lesen. Sie greife lieber zum Buch.

Aufgabe 5:

Frage 1: A, C, E; Frage 2: C, D; Frage 3: C; Frage 4: C, E;
Frage 5: C, D; Frage 6: C, E; Frage 7: B, D; Frage 8: C, E;
Frage 9: B; Frage 10: E, B, A; Frage 11: B

Seite 14:

Aufgabe 1: Wie nutzt man seine Zeit sinnvoll?
Anlass ist die Nachricht, dass es dem ersten Menschen gelungen ist, das Online-Spiel „World of Warcraft" (WoW) komplett durchzuspielen.

Aufgabe 2 (mögliche Lösung):

dafür (ja):

macht Spaß, sinnfreies Spielen gehört zur Jugendzeit,
„Verschwende Deine Zeit"-Forderung gibt es mindes-

tens schon seit mehr als 30 Jahren, Andrej hat einen
Rekord aufgestellt und hat damit Erfolg, er konnte
sein Hobby zum Beruf machen und verdient damit
Geld

dagegen (nein):

Verschwendung von Energie und Lebenszeit, Andrej
hat mehrere Jahre seiner Jugend in virtuellen Fan-
tasiewelten „verplempert", statt diese Zeit für reale
Erlebnisse und Erfahrungen zu nutzen

Aufgabe 3:

Ade, du schöne Jugendzeit. Er musste ans Geldverdienen denken. WoW ist für ihn nun kein sinnfreies Spiel
mehr, sondern schnöder Broterwerb.

Seite 15:

Aufgabe 4:

Ob das überhaupt geht, ist zwar umstritten. WoW ist
nämlich eine offene Plattform, auf der sich – nach fast
zehn Jahren Laufzeit – die derzeit rund 7,7 Millionen
Spieler frei treffen können. Sie tragen virtuelle Kämpfe aus, lösen Aufgaben oder kommunizieren einfach
nur. Doch es gilt in der aktuellen Ausbaustufe auch,
2057 sogenannte Erfolge zu erledigen. Und das hat
nun eben als Erster Andrej aus Kiew geschafft. Dafür
hat Andrej tatsächlich einen Gutteil seiner Jugend
eingesetzt. Um seinen Schattenpriester Hiruko durch
alle Fährnisse der Fantasiewelt Azeroth zu bugsieren,
brauchte er mehr als 1000 Tage reine Spielzeit und
wurde darüber 32 Jahre alt.

Aufgabe 5 (mögliche Lösung):

a) Philosoph, Gedanken, belegen, Songtitel, Diskussion, Anlass, Nachricht, Online-Spiel, Plattform, lösen, kommunizieren, aktuell, Ausbaustufe, Erfolge,
   Bezahlung …

b) bei den ollen Griechen, Zeit verplempern, im
   Punk-Ghetto versauern, munter herumgeistern,
   frisch tobt die Diskussion, durch die Fährnisse … zu
   bugsieren, wettern, pfeifen … drauf, Ade, du schöne
   Jugendzeit, schnöder Broterwerb

c) verplempert, gut, Verschwendung, Spaß, wettern,
   drauf pfeifen, schnöder Broterwerb …

d) aber, bestimmt, schon, mindestens, ganz, nun,
   wieder, überhaupt, zwar, nur, eben, doch, auch,
   deswegen, nämlich, tatsächlich, denn …

Seite 16:

Aufgabe 1:

Was? Grönlands Nordosten beginnt zu tauen. In der
Region schrumpfen Gletscher.

Wo? Nordosten Grönlands, Zachariae-Eisstrom

Wann? nun, Sommer 2003

Wer? Wissenschaftler, Klimaforscher, Michael Bevis
von der Ohio State University, Forscher

Warum? Ursache der Schmelze sei vermutlich eine Kettenreaktion: Im außergewöhnlich warmen Sommer 2003 taute ungewöhnlich viel Meereis vor der Küste Grönlands. So habe der gigantische Zachariae-Eisstrom im Nordosten Grönlands, der bislang vom Meereis gebremst worden sei, Fahrt aufnehmen können – verstärkt bröckeln Eisberge ins Meer.

Aufgabe 2:

• „Der Nordosten Grönlands ist sehr kalt, sein Eis galt als stabil", [...] „Aber unsere Studie zeigt, dass sich der Eisverlust im Nordosten beschleunigt." Ursache der Schmelze sei vermutlich eine Kettenreaktion: Im außergewöhnlich warmen Sommer 2003 taute ungewöhnlich viel Meereis vor der Küste Grönlands. So habe der gigantische Zachariae-Eisstrom im Nordosten Grönlands, der bislang vom Meereis gebremst worden sei, Fahrt aufnehmen können – verstärkt bröckeln Eisberge ins Meer. „Indirekte Rückkopplungen können die Gletscherschmelze verstärken", [...] Beschleunigtes Tauen Grönlands bedrohe in den kommenden Jahrzehnten Hunderte Küstenstädte.

• Hunderte von Küstenstädten könnten durch den Anstieg des Meeresspiegels überschwemmt werden.

Seite 17:

Aufgabe 4:

Klimaforschern zufolge werden Istanbul, Havanna und Lübeck bald weg sein. Der Grund: Wasser.
Dieser These liegt vermutlich die Aussage von Michael Bevis oder anderer Klimaforscher zugrunde, dass ein beschleunigtes Tauen Grönlands in den kommenden Jahrzehnten Hunderte Küstenstädte bedrohe.

Seite 17–18:

Aufgabe 5 (mögliche Lösung):

a) Lübeck ist total überschwemmt, aus dem Wasser ragen nur einige Sehenswürdigkeiten, Kirchtürme mit Offshore-Windrädern, springende Delfine, ab Pinneberg gibt es touristische Bootstouren.

b) Hamburger haben kürzere Wege zur Ostsee, sie verbrauchen weniger Sprit und weniger CO2. Das bedeutet weniger Klimaerwärmung, also einen geringeren Anstieg des Meeresspiegels.

c) Frankreich, Italien, Dänemark wären keine störende Konkurrenz mehr auf dem Weg zur Fußballweltmeisterschaft.

Seite 18:

Aufgabe 6 (mögliche Lösung):
... nichts dagegen tut, dem fehlt wirklich die Perspektive aufs große Ganze.
Aufgabe 7 (mögliche Lösung):
Da kann man wieder sehen, was der Überfluss aus den

Menschen macht.
Dabei seien wir doch mal ehrlich, ...
Fakt ist doch, ...
Na und, sagen wir. Gewiss wird es hart, ...
Aber sehen wir den Tatsachen ins Gesicht ...
Aufgabe 8 (mögliche Lösung):
a) Wenn wir endlich [...] können wir [...] keine Rücksicht nehmen.
b) Lübeck, wer braucht das schon? Mittelalterliche, schiefe, halb baufällige Häuser? Liefert der Chinese [...]? Wann ist von Thomas Mann zuletzt [...]?
c) weg sein, na und, mal, zigtausende, halt mal
d) verteufelt, ehrlich , schief, halb baufällig, günstiger, etwas Vernünftiges, zugute, stockkonservativ, attraktiv, fröhlich, überaltert, renommiert
e) verteufelt, Nullsummenspiel, stockkonservativ, Altstadthäuschen
Aufgabe 9 (mögliche Lösung):
Die globale Bedrohung durch die Klimaerwärmung wird verdrängt und es wird zu wenig dagegen unternommen. Noch im Angesicht von Katastrophe und Opfern wird beschönigt, und manch einer schlägt sogar Kapital daraus. Verluste werden in Kauf genommen, Hauptsache man wird Fußballweltmeister.

Seite 19:

Aufgabe 2 (mögliche Lösung):
Karikatur (1): angebliche Chancengleichheit im Bildungswesen
Karikatur (2): Social-Media-Equipment für Kinder als Ersatz für Zeit, Zuwendung, familiären Frieden
Karikatur (3): Onlinehandel: Kundenbequemlichkeit zu Lasten geplagter Zusteller

Seite 21:

Aufgabe 1:
Fakultativ sind: Deckblatt, Foto, Motivationsseite, auch verschiedene Bescheinigungen
positive Effekte: größeres Interesse erregen, Betonung der Eigenmotivation, der individuellen Fähigkeiten und Kenntnisse.
Aufgabe 2:
z. B. Praktikumszeugnisse und -bescheinigungen, Referenzen / Zertifikate (z. B. Fremdsprachen- oder Computerkenntnisse), Teilnahmebescheinigungen, z.B. im ehrenamtlichen Bereich, Volkshochschule
Aufgabe 3: c

Seite 22:

Aufgabe 4 (mögliche Lösung):
Deckblatt A:
inhaltliche Bestandteile: Kontaktdaten, Bewerbung um ..., Foto

Gestaltungselemente: horizontale Linie, Name in Großbuchstaben, verschiedene Schrifttypen und -größen, links-, rechtsbündiger sowie zentrierter Text
Wirkung: Blickfang ist das Foto in zentraler Position, das Sympathie erweckt
Deckblatt B:
inhaltliche Bestandteile: Kontaktdaten, Bewerbung um ..., Anlagen
Gestaltungselemente: vertikale Linie, eine breite und eine schmale Spalte, verschiedene Schriftgrößen, teilweise fett, Aufzählungszeichen
Wirkung: insgesamt ruhig und sachlich, die asymmetrische Seiteneinteilung wirkt interessant

Seite 23:
Aufgabe 2:
vor Ort gewonnene Eindrücke bei einer schulischen Betriebserkundung und bei Praktika, Schulische Neigungsfächer korrespondieren mit bestimmten Bereichen des Ausbildungsberufes – lässt Rückschlüsse auf eine beständige Motivation zu
Hard Skills: handwerkliches Geschick
Soft Skills: Kreativität, Teamfähigkeit

Seite 24:
Aufgabe 3:
... hat mich überzeugt, dass ich meine Ausbildung in Ihrem Betrieb machen möchte. Lieblingsfächer, arbeite gern ..., Gerne möchte ich ... Ich freue mich darauf!
Aufgabe 5:
Auflistung mit herausgestellten Aufzählungszeichen, Absätze / Leerzeilen, Linksbündigkeit, Ort, Datum, handschriftliche Unterschrift mit Tinte

Seite 25–26:
Aufgabe 2 (mögliche Lösung):
Die skurrile (verrückte) Geschichte „Herrn Morphs Konsequenz" von Johanna und Günter Braun erzählt von einem Mann, der wegen eines vermeintlichen Diebstahls seinem Freund die Freundschaft aufkündigt.
Herr Morph vermisst eines Tages 3 500 Mark. Er beschuldigt seinen Freund Naumann des Diebstahls. Dieser **habe** am Vorabend ein Buch zurückgebracht und das Geld von seinem Schreibtisch gestohlen, als Frau Morph Naumann für einen Augenblick allein gelassen **habe**. Frau Morph hält das für unwahrscheinlich und weist auf die Möglichkeit eines Einbruchs hin. Herr Morph beharrt auf seiner Meinung. Er fährt zu Naumann und beschuldigt ihn. Naumann beschwört seine Unschuld. Morph glaubt ihm nicht und erbittet als Freundschaftsdienst die Rückgabe des Geldes. Naumann verweigert diesen Freundschafts-

dienst. Morph kündigt die Freundschaft auf. Zu Hause findet Naumann das Geld zwischen den Seiten seines Tagebuchs. Kurz darauf bringt der Sohn Naumanns 3 500 Mark; der Freund **schicke** das Geld ihrer Freundschaft zuliebe. Morph schickt das Geld zurück und erklärt die Freundschaft für beendet. Er **habe** das Geld gefunden und sei der Freundschaft nicht wert.
(Original: 352 Wörter; Inhaltsangabe: 139)

Seite 27–29:
Aufgabe 3 und 4 (mögliche Lösung):
Text 2: Loses Gemüse im Supermarkt: ab in den Kunststoffbeutel. Ein Paar Socken im Kaufhaus: wieder ein Beutel. Drei Limos und Kekse im Spätkauf: noch ein Beutel. Das wird es bald nicht mehr geben, zumindest wenn es nach dem EU-Umweltkommissar Janez Potocnik geht. *(mögliches Verbot von leichten Plastiktüten in der EU)* Er will gegen den Plastikmüll vorgehen und den europäischen Ländern erlauben, leichte Plastiktüten zu verbieten.
Potocnik wie auch zahlreiche Umweltorganisationen begründen ihren Kampf gegen Plastiktüten mit den Umweltschäden, die diese hervorrufen. *(Kampf gegen Umweltzerstörung)* Die Beutel finden sich überall in der Landschaft oder an Küsten, besonders dort, wo sie in großer Zahl eingesetzt und nicht fachgerecht entsorgt werden. In den größeren Tüten können sich Tiere verfangen. *(Gefahr für Tiere)* Kleinere Stücke, die bei der Verwitterung entstehen, werden mitunter für Nahrung gehalten und gefressen. Nicht zuletzt erfordert die Herstellung der Beutel Erdöl, das gewonnen und verarbeitet werden muss. *(Verschwendung von Erdöl?)*
„In Deutschland sind die Tüten nicht das Hauptproblem", sagt Michael Angrick vom Umweltbundesamt (UBA). Tatsächlich belegt Deutschland mit einem Pro-Kopf-Verbrauch von 71 Plastiktüten im Jahr 2011 einen der letzten Plätze in der EU-Statistik, rechnet das UBA vor. *(71 Tüten Deutschland)* Im Schnitt sind es 198 Stück, Spitzenreiter ist Bulgarien mit 421 Beuteln. *(198 im EU-Schnitt)*
Bekannt ist, dass hierzulande jährlich rund 70 000 Tonnen Kunststoff in Form von Plastiktüten verbraucht werden, das sind gut 800 Gramm pro Person. Allerdings ist weder die genaue Recyclingquote bekannt noch der Anteil der nun umstrittenen dünnwandigen Tüten. *(Recyclingquote unbekannt)* Ein Verbot will Angrick nicht. Aber er will die Anzahl schrumpfen sehen, durch eine Abgabe. *(keine kostenlosen Tüten mehr)* „In Supermärkten muss man oft für Kunststoffbeutel bezahlen, das sollte auch für Bekleidungsgeschäfte oder Elektronikläden gelten", sagt er. Und auch für die dünnen Tütchen am Gemüsestand. „Bei sensiblen Früch-

© Westermann, Lösungen zu den Arbeitsheften Praxis Spache 9 (978-3-14-121780-3 und 978-3-14-121790-2)

ten wie Erdbeeren sind die Tüten natürlich hilfreich", sagt er. *(in Ausnahmefällen Plastiktüten hilfreich)* „Aber Äpfel kann man auch lose kaufen und in der mitgebrachten Tasche nach Hause transportieren." *(eigene Taschen mitbringen)*

Weg von kostenlosen Tüten, das ist auch die Strategie der Deutschen Umwelthilfe (DUH). „In Irland kosten sie 22 Cent, daraufhin ging der Pro-Kopf-Verbrauch von 328 im Jahr auf 16 zurück", sagt Thomas Fischer von der DUH. *(Positivbeispiel: Irland)* Er setzt vor allem auf die Mehrfachnutzung: etwa faltbare Polyesterbeutel oder große Kunststofftaschen, die am besten aus recycelten PET-Flaschen hergestellt werden und die abwischbar sind: ein wichtiger Aspekt beim Transport von Lebensmitteln. *(Mehrfachnutzung wichtig)* Untersuchungen aus den USA haben gezeigt, dass viele Stoffbeutel von Kunden mit gefährlichen Bakterien besiedelt waren. *(belastete Stoffbeutel)* Dagegen hilft nur regelmäßiges Waschen. Laut DUH ist der Umwelteffekt von Stoffbeuteln schlechter als ihr Image. Sie müssen mindestens siebenmal häufiger benutzt werden als die erdölbasierten Kunststoffbeutel, um eine bessere Ökobilanz aufzuweisen. Bezieht man die gesamte Herstellung bei der Ökobilanz ein, schneiden auch Papiertüten und Tüten aus biologisch abbaubaren Kunststoffen schlechter als die „Erdöltüte" ab. Ganz so einfach ist es also doch nicht mit der Plastiktüte. *(Ökobilanz von Plastiktüten nicht so schlecht wie Image)*

Text 3: „Plastiktüten sind ein Symbol unserer Wegwerfgesellschaft. Jedes Jahr landen mehr als acht Milliarden Plastiktüten in Europa im Müll.", sagt EU-Umweltkommissar Janez Potocnik. *(Symbol für Wegwerfgesellschaft)* Deshalb setzt er sich für ein Verbot von leichten Plastiktüten ein. Hinter dem Anti-Plastiktüten-Aktionsplan der EU steckt der Versuch, die Vermüllung der Ozeane in den Griff zu bekommen. Denn viele Tüten enden statt in Müll- und Recyclinganlagen in der Natur und gelangen über Flüsse ins Meer. Das verursacht enorme Umweltschäden. Auf den Ozeanen treiben riesige Plastikstrudel. *(EU: Vermüllung der Ozeane stoppen riesige Plastikstrudel in den Weltmeeren)* Rund zehn Millionen Tonnen Müll gelangen nach Angaben des Bundes für Umwelt und Naturschutz Deutschland (BUND) pro Jahr in die Weltmeere, drei Viertel davon ist Plastik. Das Material ist langlebig – Experten gehen von bis zu 450 Jahren aus, bis es verrottet ist. *(450 Jahre bis zur Verrottung)* Beim Industrieverband Papier- und Folienverpackung (IPV) hält man allerdings wenig von Potocniks Anti-Plastiktüten-Aktionsplan. „Für Deutschland ist das völliger Unsinn, wir haben hier kein Problem mit Plastiktüten", sagt Bernhard Sprockamp vom IPV gegenüber Handelsblatt Online. *(in Deutschland kein*

Problem?) „Wir sehen daher auch keinen Handlungsbedarf." Zumal laut Verband der Anteil der Kunststoff-Tragetaschen an den gesamten Kunststoff-Verpackungen in Deutschland unter drei Prozent liegt. *(in Deutschland Anteil unter 3 %)* Es sei daher falsch, die Plastiktüten als Verursacher für die Verschmutzung der Landschaft und Weltmeere zu bezeichnen. *(Plastiktüte kein Verursacher für Umweltgefährdung?)* In Wirklichkeit setze sich der Kunststoff-Strudel aus einer Vielzahl verschiedenster Kunststoffprodukte von landwirtschaftlichen Folien, Essensverpackungen und PET-Einwegflaschen zusammen. „Außerdem ist die Tragetasche in Deutschland – anders als häufig vermutet – kein Einwegprodukt", sagt Sprockamp. *(in Deutschland Plastiktaschen kein Einwegprodukt)* In den meisten Haushalten gebe es eine Sammlung von Tüten, die bei Bedarf zu Sport, Freizeit oder Einkauf wiederverwendet werden. Die letzte Verwendung finde oft als Müllsack statt.

Seite 29:
Aufgabe 5 (mögliche Lösung):
Pro: Plastiktüten sollten verboten werden.
Weltweit gibt es eine enorme Umweltverschmutzung durch Plastikmüll / Plastiktüten.
→ Tüten enden im Meer statt im Recycling
→ riesige Plastikstrudel im Meer
→ tödliche Gefahr für viele Tiere
Die Herstellung von Plastiktüten verbraucht sehr viel Erdöl.
→ Verschwendung von Ressourcen
Plastikmüll verrottet nur sehr langsam.
→ dauert bis zu 450 Jahre, im Gegensatz zu Baumwolle oder Papier
Es gibt zu viele Plastiktüten umsonst, insbesondere „dünne" Plastiktüten.
→ z. B. in Drogerien, Textilgeschäften, Elektronikmärkten, am Obst- oder Fleischstand ...
Durch ein Verbot lässt sich der Verbrauch von Plastiktüten reduzieren.
→ Beispiel: Irland
→ 69 % der Deutschen für ein Verbot
Plastiktüten sind meist unnötig.
→ stattdessen z. B. Stoffbeutel, Körbe ...

Contra: Plastiktüten sollten nicht verboten werden.
Plastiktüten machen nur einen kleinen Teil des weltweiten Plastikmülls aus.
→ Beispiel Deutschland: Anteil der Kunststoff-Tragetaschen an gesamten Kunststoff-Verpackungen unter 3 %

Plastiktüten sind in Deutschland nicht das Hauptproblem.
→ jährlicher Pro-Kopf-Verbrauch in Deutschland 71 Stück , EU-Schnitt: 198 Stück (2011)

Plastiktüten sind besser als ihr Ruf.
→ recycelbar, gelbe Tonne oder gelber Sack
→ bessere Ökobilanz als z. B. Stoffbeutel

Plastiktüten sind meist kein Einwegprodukt, werden oft wiederverwendet.
→ z. B. für Sport und Freizeit, als Einkaufs- oder Mülltüte ...

Plastiktüten-Verbot wird als Bevormundung mündiger Bürger empfunden.
→ lehnen staatliche Einmischung ab
→ wollen selbst bestimmen

Plastiktüten sind hygienisch.
→ z. B. bei sensiblen Lebensmitteln wie Erdbeeren

Seite 30:
Aufgabe 1 (mögliche Lösung):
Thema: Sollten Plastiktüten verboten werden?

1 Einleitung
überall Plastiktüten, EU will Verbot, Umfrage: Mehrheit der Deutschen dafür
Ist ein Verbot von Plastiktüten aber wirklich sinnvoll?

2 Hauptteil

2.1 Contra-These: Plastiktüten sollten nicht verboten werden.

2.1.1 Argument: Plastiktüten sind in Deutschland nicht das Hauptproblem.
Begründung: nur 71 Tüten pro Kopf/Jahr, Tüten unter 3 % Anteil an Plastikverpackungen
Beispiel: Blick in gelben Sack oder Tonne

2.1.2 Argument: Plastiktüten sind besser als ihr Ruf.
Begründung: recycelbar, Rohstofflieferant, keine schlechtere Ökobilanz als Stoffbeutel
Beispiel: verschiedene Recyclingprodukte, z. B. meine Lieblingsjacke

2.1.3 Argument: Verbot wird als Bevormundung empfunden.
Begründung: Staat soll sich nicht einmischen, Bürger sind mündig
Beispiel: umweltbewusste Menschen, wie meine Mutter, verzichten freiwillig auf Plastiktüten

2.2 Drehpunkt

2.3 Pro-These: Plastiktüten sollten verboten werden.

2.3.1 Argument: Zu wenige Leute verzichten freiwillig auf Plastiktüten.
Begründung: zu hoher Verbrauch in der EU (198 Tüten pro Kopf / Jahr), Bulgarien 421 Tüten
Beispiel: Irland, keine kostenlose Tüten, Verbrauch ging drastisch zurück

2.3.2 Argument: Es ist einfach, auf Plastiktüten zu verzichten.
Begründung: eigene Taschen dabeihaben, Dinge sicher transportieren
Beispiel: Äpfel lose im Korb transportieren, Erdbeeren als seltene Ausnahme für Plastiktüten

2.3.3 Argument: Weltweit gibt es eine enorme Umweltverschmutzung durch Plastikmüll / -tüten.
Begründung: auch bei uns zu wenig Recycling, sondern zu viel wilder Müll
Verrottung bis zu 450 Jahre, dauerhafte Umweltzerstörung, vergiften das Wasser
Beispiel: Plastiktüten an Autobahnraststätten, Müllstrudel im Meer, tödliche Gefahr für Tiere

3 Schluss
Synthese: Tüten zwar praktisch, hygienisch und recycelbar, tragen aber zu der enormen Umweltzerstörung weltweit bei, insbesondere zu den riesigen Plastikteppichen im Meer
Fazit: Plastiktüten sollten verboten werden.
Umwelt vor weiteren Zerstörungen schützen, Verbot ist ein Schritt in die richtige Richtung, jeder sollte dazu beitragen
meine Absicht: eine eigene Tasche dabeihaben, kostenlose Tüten konsequent ablehnen

Seite 33:
Aufgabe 1 (mögliche Lösung):
Thema: Sollten Plastiktüten verboten werden?

1 Einleitung
überall Plastiktüten, EU will Verbot, Umfrage: Mehrheit der Deutschen dafür
Ist ein Verbot von Plastiktüten wirklich sinnvoll?

2 Hauptteil

2.1 Pro-These: Plastiktüten sollten verboten werden.
Contra-These: Plastiktüten sollten nicht verboten werden.

2.1.1 Pro-Argument: Es ist einfach, auf Plastiktüten zu verzichten.
Begründung: eigene Taschen dabeihaben, Lebensmittel sicher transportieren
Beispiel: Äpfel lose im Korb, Erdbeeren als seltene Ausnahme

2.1.2 Contra-Argument: Ein Verbot von Plastiktüten wird als Bevormundung empfunden.
Begründung: Staat soll sich nicht einmischen, Bürger sind mündig
Beispiel: umweltbewusste Menschen, wie meine Mutter, verzichten freiwillig auf Plastiktüten

2.1.3 Pro-Argument: Freiwillig verzichten zu wenige Leute auf Plastiktüten.
Begründung: hoher Verbrauch in der EU (198 Tüten pro Kopf / Jahr), Bulgarien 421 Tüten

Beispiel: Irland, keine kostenlose Tüten mehr,
Verbrauch ging drastisch zurück

2.1.4 **Contra-Argument:** Plastiktüten sind besser als ihr
Ruf.
Begründung: recycelbar, Rohstofflieferant, keine
schlechtere Ökobilanz als Stoffbeutel
Beispiel: verschiedene Recyclingprodukte,
z. B. meine Lieblingsjacke

2.1.5 **Pro-Argument:** Durch Plastiktüten werden wert-
volle, begrenzte Ressourcen verschwendet.
Begründung: werden aus Erdöl hergestellt
Beispiel: Deutschland verbraucht jährlich 70 000
Tonnen Kunststoff in Form von Plastiktüten,
Recycling-Quote unbekannt

2.1.6 **Contra-Argument:** Plastiktüten sind in Deutschland nicht das Hauptproblem.
Begründung nur 71 Tüten pro Kopf / Jahr, Tüten
unter 3 % Anteil an Plastikverpackungen
Beispiel: Blick in gelben Sack oder Tonne

2.1.7 **Pro-Argument:** Weltweit gibt es eine enorme
Umweltverschmutzung durch Plastikmüll und
damit auch durch Plastiktüten.
Begründung: auch bei uns zu wenig Recycling,
sondern zu viel wilder Müll, Verrottung dauert
bis zu 450 Jahren, dauerhafte Umweltzerstörung,
vergiften das Wasser
Beispiel: Plastiktüten an Autobahnraststätten,
Müllstrudel im Meer, tödliche Gefahr für Tiere

3 **Schluss**
Synthese: Tüten zwar praktisch, hygienisch und
recycelbar, tragen aber zu der enormen
Umweltzerstörung weltweit bei, insbesondere zu
den riesigen Plastikteppichen im Meer.
Fazit: Plastiktüten sollten verboten werden. Umwelt vor weiteren Zerstörungen schützen, Verbot
ist ein Schritt in die richtige Richtung, jeder sollte
dazu beitragen, meine Absicht: möglichst immer
eine Tasche dabeihaben und kostenlose Tüten
konsequent ablehnen.

Seite 36:
Aufgabe 1 (mögliche Lösung):
Sollten Plastiktüten verboten werden?
Kunststoffbeutel sind im Alltag allgegenwärtig, egal,
ob als leichte Tragetasche beim Einkaufen, als Mülltüte oder als Frühstücksbeutel fürs Pausenbrot. Sie sind
praktisch, hygienisch und immer schnell zur Hand.
Nun hat die EU einen Anti-Plastiktüten-Aktionsplan
aufgelegt und will leichte Einwegtüten verbieten
lassen. Und in einer Umfrage der Zeitschrift *stern hat
sich eine deutliche Mehrheit von 69 Prozent der Deutschen dafür ausgesprochen, Plastiktüten komplett zu
verbieten und nur 29 Prozent waren dagegen.*

Ist aber ein Verbot der Kunststoffbeutel wirklich
sinnvoll?
Aufgabe 2 (mögliche Lösung):
Das wichtigste Argument gegen ein Verbot ist sicherlich, dass „in Deutschland die Tüten nicht das Hauptproblem" sind, wie Michael Angrick vom Umweltbundesamt (UBA) zu bedenken gibt. Deutschland belege
mit einem Pro-Kopf-Verbrauch von 71 Plastiktüten im
Jahr 2011 einen der letzten Plätze in der EU-Statistik.
Im Schnitt seien es 198 Stück, Spitzenreiter sei Bulgarien mit 421 Beuteln. Nach Angaben des Industrieverbandes Papier- und Folienverpackungen (IPV) liegt der
Anteil *der Kunststoff-Tragetaschen an den gesamten
Kunststoff-Verpackungen in Deutschland unter drei
Prozent.* Auch mir hat ein Blick in die gelbe Tonne bestätigt, dass sich zwischen dem ganzen Verpackungsmüll tatsächlich nur wenige Einkaufstüten befinden.

Seite 37:
Aufgabe 3 (mögliche Lösung):
Es gibt ein weiteres wichtiges Argument, das man
nicht außer Acht lassen darf. Kunststofftüten sind
besser als ihr Ruf. Sie sind recycelbar und haben
keinen schlechteren Umwelteffekt als beispielsweise Stoffbeutel. Laut Deutscher Umwelthilfe (DUH)
müssten Stoffbeutel *mindestens siebenmal häufiger
benutzt werden als die erdölbasierten Kunststoffbeutel, um eine bessere Ökobilanz aufzuweisen.* Beziehe
man die gesamte Herstellung bei der Ökobilanz ein,
schnitten auch Papiertüten und Tüten aus biologisch
abbaubaren Kunststoffen schlechter als die „Erdöltüte" ab. Recycelte Plastiktüten können den Rohstoff
für viele nützliche Dinge liefern, wie zum Beispiel
Tiefkühldosen oder Textilien. Beispielsweise besteht
meine Lieblingsjacke zu 100 Prozent aus recyceltem
Kunststoffmaterial.
Aufgabe 4 (mögliche Lösung):
Außerdem sollte man auch nicht vergessen, dass sich
viele Leute durch ein Verbot von Plastiktüten bevormundet fühlen, weil *sie der Meinung sind, dass sich
der Staat zu sehr in die persönlichen Belange mündiger
Bürger und Bürgerinnen einmischt. Zudem sind viele
Menschen in Deutschland sehr umweltbewusst. Sie
trennen sorgsam ihren Müll, haben beim Einkaufen
eine Tasche dabei und verzichten ganz freiwillig auf
Plastikbeutel – auch ohne ein Tütenverbot. Meine Mutter ist dafür ein gutes Beispiel.*

Seite 38:
Aufgabe 5 (mögliche Lösung):
Aber ist ein Verbot von Plastiktüten wirklich notwendig, wenn doch so viele Menschen bereits umweltbewusst handeln?

Für ein Verbot spricht, dass immer noch zu wenige Leute freiwillig auf die praktischen Tüten verzichten. Denn jeder EU-Bürger verbraucht im Schnitt pro Kopf 198 Plastiktüten im Jahr, in Bulgarien sind es sogar 421 Beutel. Aber das Beispiel Irland zeigt, dass die Konsumenten durchaus auf Plastiktüten verzichten können, wenn kostenlose Tüten nicht mehr zur Verfügung stehen. Thomas Fischer *von der Deutschen Umwelthilfe (DUH) sagt: „In Irland kosten sie 22 Cent, daraufhin ging der Pro-Kopf-Verbrauch von 328 im Jahr auf 16 zurück."*

Aufgabe 6 (mögliche Lösung):

Ein wesentliches Argument ist auch, dass die Plastiktüten meist unnötig sind. Denn als Verbraucher kann man leicht darauf verzichten, wenn man eine Tasche, einen Korb oder Rucksack dabei hat, in denen die Einkäufe sicher verstaut werden können. Natürlich gibt es gerade bei Lebensmitteln Ausnahmen, wo Plastiktütchen einfach hygienischer sind. Dass die aber eher selten sind, darauf weist Michael Angrik vom Umweltbundesamt (UBA) hin. Bei sensiblen Früchten *wie Erdbeeren seien sie hilfreich, Äpfel könne man aber auch lose in der mitgebrachten Tasche nach Hause transportieren.*

Aufgabe 7 (mögliche Lösung):

Das für mich wichtigste Argument für ein Verbot ist die enorme weltweite Umweltverschmutzung durch Plastikmüll und damit auch durch Kunststofftüten. Denn auch bei uns landen längst nicht alle Plastiktüten im Recycling, sondern werden achtlos weggeworfen. *Dies kann man z.B. auf zahlreichen Autobahnrastplätzen oder im Wald immer wieder beobachten. Hier verrotten die Tüten äußert langsam, Experten gehen von bis 450 Jahren aus. So gelangen die Beutel letztlich massenhaft in die Weltmeere, wo sie mit anderen Abfällen riesige Müllstrudel bilden und das Wasser vergiften. Für viele Tiere werden sie zu einer tödlichen Gefahr. In größeren Tüten können sie sich verheddern, oder sie halten Plastikteilchen für Nahrung und verenden daran qualvoll.*

Seite 39:

Aufgabe 8:

Im Sinne des Sanduhrprinzips sollte letztlich ein Standpunkt für ein Verbot vertreten werden.
Als Schreibhilfe können die Stichpunkte in der Gliederung zu Synthese und Fazit hier im Lösungsteil dienen.

Seite 43:

Aufgabe 2:

äußeres Erscheinungsbild:
• keine Angaben

Lebensumstände / Biografie:
• Beruf: Lehrer
• Lebt mit seiner Frau, seiner Tochter Barblin und seinem „Adoptivsohn" Andri in Andorra.
• Hatte früher ein Verhältnis mit einer Senora des verfeindeten Nachbarstaates.
• Hat mit ihr ein Kind (Andri).
• Kehrte nach dem Scheitern der Beziehung mit Andri nach Andorra zurück.
• Heiratete dort seine jetzige Frau, hat mit ihr eine Tochter (Barblin) und adoptierte Andri.
• Erhängt sich nach Andris Ermordung.

Lebenslüge:
• Verheimlicht bewusst seine frühere Liebesbeziehung zu der Senora.
• Bekennt sich nicht zu seinem Sohn Andri, sondern gibt ihn als jüdische Waise aus.
• Behauptet, Andri vor den antisemitischen Schwarzen gerettet zu haben.
• Verschweigt Andri, dass er sein leiblicher Vater ist.

Motive für sein Handeln:
• Fürchtet, die Anerkennung und seine soziale Stellung zu verlieren, wenn die Andorraner erführen, dass er ein Kind mit einer Schwarzen – und somit einer Feindin Andorras – hat.
• Handelt eigennützig, als er Andri als Judenkind ausgab.
• Handelt hartherzig und egoistisch, weil er Andri nicht sagte, dass er sein Sohn ist.
• Handelt unehrlich seiner zweiten Frau gegenüber.
• Will Anerkennung und Lob für seine „edle" Tat (Rettung einer jüdischen Waise).
• Will „zwei Fliegen mit einer Klappe" schlagen: Verheimlichung seines Verhältnisses zu einer Schwarzen / Anerkennung für die „edelmütige" Rettung eines Judenkindes.
• Verweigert seine Zustimmung zu Andris und Barblins Heiratswunsch, weil er weiß, dass beide blutsverwandte Geschwister sind.
• Schweigt aus Feigheit, weil er Angst davor hat, seine Schuld und seine Lüge einzugestehen.
• Motive für seinen Selbstmord: Verzweiflung / Mitschuld an Andris Tod
• nach außen: mutig, edelmütig, moralisch, ehrlich
• tatsächlich: feige, eigennützig, unverantwortlich, ängstlich, unentschlossen, berechnend, rücksichtslos, schwach, uneinsichtig, verzweifelt, mutlos
• Legt Wert auf seine soziale Stellung / Anerkennung.
• Tritt offen und mutig gegen antisemitische Vorurteile ein.
• Aus Feigheit und Schwäche flüchtet Can sich in den Alkohol.

- Drückt sich davor, die Wahrheit zu sagen.
  → Betäubt seine Schuldgefühle mit Alkohol.
- Überlässt es anderen (Pater Benedikt), Andri die Wahrheit zu sagen.

Gedanken / Gefühle:
- Can weiß, dass seine Lüge ein großer Fehler war.
- Zerbricht an seiner inneren Zerrissenheit.
- Ist verzweifelt und ratlos, als er merkt, dass die Ereignisse eskalieren.
- Findet nicht die Kraft, seine Schuld einzugestehen und die Wahrheit zu sagen.

Wertvorstellungen / Ansichten:
- Setzte sich als junger Lehrer gegen verlogene Schulbücher und gegen verlogene Moral ein.
- Passt sich dann dieser verlogenen Moral selbst an, indem er die Lüge vom geretteten Judenkind erfand.
- Hat seine eigenen Wertvorstellungen durch seine Lüge verraten.
- Bekämpft Vorurteile und Antisemitismus.

Verhältnis zu Andri:
- Liebt seinen Sohn.
- Verteidigt Andri gegen antisemitische Vorurteile.
- Zahlt Prader ein überhöhtes Lehrgeld, um Andri den Traumberuf des Tischlers zu ermöglichen.
- Erzieht Andri zu einem selbstbewussten Jungen, der sein „Judentum" nicht zu verstecken braucht.
- Es kommt zum Bruch mit Andri, als Can seine Zustimmung zur Heirat mit Barblin verweigert und Andri antisemitische Gründe vermutet.
- Andri verachtet danach seinen Vater, der zunehmend Zuflucht im Alkohol sucht.

Verhältnis zu anderen Figuren:
- Can hat nur zu seiner Frau und zu Pater Benedikt ein gutes Verhältnis.
- Doktor Ferrer wirft er wegen seiner antisemitischer Äußerungen aus dem Haus.
- Zahlt dem habgierigen Tischler Prader überzogenes Lehrgeld, damit der einen Juden als Auszubildenden akzeptiert.

Aufgabe 3:
Nein Can konnte nicht ahnen, was er Andri mit seiner Lüge antun würde.
Ja Can hat egoistisch und rücksichtslos gehandelt und nur an sich gedacht.
Ja Die Konsequenzen seiner Lüge für Andris Leben hat Can nicht bedacht.
Nein Can konnte nicht ahnen, dass Andri und Barblin sich ineinander verlieben würden.
Ja Can handelte hartherzig und unmenschlich gegen Andri, weil er ihm verschwieg, dass er sein Vater ist.
Ja Er hat aus Feigheit und Schwäche nie selbst die Wahrheit gesagt.
Nein Er konnte die Besetzung Andorras durch die

Schwarzen nicht vorhersehen.
Ja Cans feige Lüge ist letztendlich der Grund für Andris Unglück und Tod.
Ja Er hat auch noch geschwiegen, als sich die Situation zuspitzte.
Nein Can konnte nicht wissen, dass der Antisemitismus in Andorra Fuß fassen würde.
Ja Anstatt sich dem Problem zu stellen und die Wahrheit aufzudecken, zeigt Can große Schwäche und flüchtet sich in den Alkohol.

Seite 44:
Aufgaben 6 und 7:
Charakterisierung Lehrer Can
Neben Andri als Hauptfigur zählt der Lehrer Can in Max Frischs Drama „Andorra" zu den zentralen Figuren des Theaterstücks. Auf tragische Art und Weise ist er mitverantwortlich für Andris gewaltsamen Tod. An dieser Mitschuld zerbricht Can und richtet sich am Ende selbst, indem er sich erhängt.

In Andorra hat der Lehrer lange Zeit die Anerkennung der Andorraner genossen. Nach einem längeren Aufenthalt im Nachbarland der Schwarzen ist Can mit einem jüdischen Jungen namens Andri zurückgekommen, den er später sogar adoptiert. Can behauptet, er habe Andri vor den antisemitischen Schwarzen gerettet. Für seine scheinbare Courage zollen die Andorraner dem Lehrer ihre Anerkennung. Fortan gilt Can als Beispiel andorranischen Mutes und andorranischer Moral. Die Wirklichkeit sieht aber ganz anders aus. Tatsächlich ist Can Andris leiblicher Vater. Weil die Mutter des Kindes eine Senora des verfeindeten Nachbarstaates ist, traut Can sich nach dem Scheitern der Beziehung nicht, den Andorranern zu gestehen, dass er ein Kind mit einer Schwarzen und somit mit einer Feindin Andorras hat. Can handelt also feige und eigennützig. Um sein Ansehen und seine soziale Stellung in Andorra nicht zu gefährden, greift er egoistisch und berechnend zu einer Lüge, um sich selbst vor Anfeindungen zu schützen. Mögliche Konsequenzen für Andri scheint er bei seiner Entscheidung nicht bedacht zu haben. Andri gegenüber handelt er verantwortungslos, weil er den eigenen Sohn benutzt, um seine soziale Stellung zu retten. Offensichtlich nimmt er dabei billigend in Kauf, dass Andri mit einer Lüge heranwachsen muss und nie erfahren soll, wer seine leiblichen Eltern sind. Für mich ist nicht nachvollziehbar, wie Can es übers Herz bringen kann, Andri in dem Glauben zu lassen, er sei „nur" der Adoptivsohn. Dem eigenen Sohn nicht zu sagen, dass man der leibliche Vater ist, das empfinde ich als grausam und hartherzig. Tragischerweise ist Cans Lüge ja auch der Ursprung für Andris Leidensweg und für seinen Tod. Rebellierte

Can als junger Lehrer noch gegen verlogene Schulbücher und verlogene Moral, so hat er nach seiner Rückkehr nach Andorra selbst den einfachen Weg der Anpassung und Notlüge gewählt. Die Konsequenzen seiner Feigheit bleiben nicht aus. Das politische Klima in Andorra verändert sich in den nächsten Jahren und die Vorurteile gegen den Juden Andri nehmen zu. Dem Antisemitismus seiner Landsleute tritt Can allerdings offen und furchtlos entgegen („Ich fürchte sie nicht!" Seite 42). So wirft er beispielsweise Doktor Ferrer aus dem Haus hinaus, als dieser aus seinem Judenhass keinen Hehl mehr macht. Can liebt seinen Sohn zwar und versucht ihn vor antisemitischen Anfeindungen zu schützen. Und er tut auch alles, damit Andri seinen Traumberuf als Tischler bei dem habgierigen Prader erlernen kann. Trotzdem schweigt er weiter und lässt den Dingen seinen Lauf. Can weiß genau, dass er sich durch seine große Lüge schuldig gemacht hat. Anstatt aber die Wahrheit zu sagen, flüchtet er sich in den Alkohol, um seine Schuldgefühle zu betäuben. Schließlich kommt es zum Bruch zwischen Vater und Sohn. Denn als Andri bei Can nichtsahnend um Barblins Hand anhält, wird sein Antrag ohne Begründung abgewiesen. Natürlich vermutet Andri gleich, dass der Lehrer ihm seine Tochter nur deshalb nicht zur Frau geben will, weil Andri Jude ist („Weil ich Jud bin." Seite 45). Jetzt wäre für Can die letzte Möglichkeit, die Wahrheit zu sagen. Spätestens jetzt hätte er seiner Familie erklären müssen, dass Andri sein leiblicher Sohn und Barblin somit Andris Halbschwester ist. Aber auch diese letzte Gelegenheit ergreift der Lehrer aus Feigheit nicht. Er ist zu schwach, zu feige und zu unentschlossen, um endlich die Wahrheit zu sagen. Stattdessen geht er wieder in die Kneipe, um sich zu betrinken („Jetzt trinkt er wieder bis Mitternacht." Seite 46). Nachdem er sich Mut angetrunken hat, versucht er Andri dann doch noch die Wahrheit zu sagen („Ich hab getrunken, Andri, die ganze Nacht, um dir die Wahrheit zu sagen ..." Seite 52). Aber das Verhältnis ist so zerrüttet, dass Andri dem betrunkenen Vater nicht zuhören und mit ihm nichts mehr zu tun haben will („Faß mich nicht wieder an! ... Du ekelst mich." Seite 53). Erst durch den Besuch der Senora in Andorra wird dem schwachen Can klar, dass er endlich die Wahrheit sagen muss. („Ich werde es sagen, dass er mein Sohn ist, unser Sohn ..." Seite 73). Aber dann zweifelt Can doch wieder („Und wenn sie die Wahrheit nicht wollen?", Seite 73) und stellt sich seiner Verantwortung wieder nicht. Schließlich überlässt er es Pater Benedikt, Andri über seine wahre Herkunft aufzuklären („Der Pater wird es ihm sagen.", Seite 81). Damit vertut Can seine letzte Chance, selbst die Wahrheit zu sagen. Danach nimmt Andris tragisches Schicksal seinen Lauf. Der Mord an der Senora wird ihm angelastet und bei der Judenschau wird der Andorraner Andri eindeutig als Jude identifiziert und erschossen. Da Can sich seines Versagens und seiner Mitschuld am Tod seines Sohnes bewusst ist, sieht er nur einen Ausweg: Aus Verzweiflung erhängt er sich, weil er das Leid nicht mehr ertragen kann, aber auch um seine Schuld zu sühnen.

Für mich ist Can eine der tragischsten Figuren des Dramas. Seine Lüge vom geretteten Judenkind überschattet sein ganzes Leben und führt schließlich in die Katastrophe. Im Gegensatz zu Tischler Prader, dem Judenhasser Ferrer oder dem Mörder der Senora ist Can aber kein schlechter Mensch. Im Gegenteil: Er liebt Andri und tut alles für ihn. Aber letztendlich scheitert Can an seiner Feigheit und zerbricht an seiner Lebenslüge. Hätte er von Anfang an die Wahrheit gesagt, so hätte Andri nicht sterben müssen und das Leben seiner ganzen Familie wäre anders verlaufen. Insofern hat Can große Schuld auf sich geladen. Trotzdem empfinde ich auch Mitleid mit ihm, denn für mich ist Can auch ein Opfer politischer und privater Verstrickungen.

Seite 46:

Aufgabe 3:

Dieses Gefühl kenne ich auch. Eigentlich fühle ich mich ganz wohl in meinem Zimmer und in meinem Zuhause, denn ich habe ein Dach über dem Kopf, es ist warm und ich habe alles, was ich brauche. Auf der anderen Seite möchte ich aber gern auch einmal aus meiner gewohnten Umgebung ausbrechen und in andere Städte und Länder reisen, um zu sehen, wie es dort ist und wie es sich dort so lebt. Das wäre bestimmt sehr spannend.

Aufgabe 4:

In diesem Gedicht von Mascha Kaléko beschreibt ein lyrisches Ich das folgende Gefühl: Ganz egal, wo man ist, man wünscht sich immer, anderswo zu sein. Diese Sehnsucht nach dem Anderswo lässt sich nie stillen.

Aufgabe 5 und 6:

Das Gedicht von Mascha Kaléko handelt von der Sehnsucht nach dem Anderswo. In dieser Sehnsucht kommt zum Ausdruck, dass man — ganz gleich, wo man gerade ist — immer woanders sein möchte. Beschrieben wird dieser Wunsch von einem lyrischen Ich, das sich in der zweiten Strophe durch die *du*-Anrede (Vers 6) zu erkennen gibt.

Schon in der ersten Strophe beschreibt das lyrische Ich einen Gegensatz, um diese Sehnsucht zum Ausdruck zu bringen. Es befindet sich scheinbar in einem angenehmen Zuhause, wo im Spind (Schrank) die Äpfel duften und der Kessel im Feuer prasselt. Es ist also wohlig warm, es duftet lecker und man ist mit dem Nötigsten versorgt. Aber schon in den Versen 3 und 4

© Westermann, Lösungen zu den Arbeitsheften Praxis Spache 9 (978-3-14-121780-3 und 978-3-14-121790-2)

wird deutlich, dass dieses wohlige Zuhause nicht ausreicht, um den Wind, der draußen wie ein Vagabund um die Straßen und Häuser pfeift, zu überhören. Dieser „Vagabundenwind", der das unstete Leben liebt, wirkt nicht bedrohlich und ungemütlich. Vielmehr singt er von einem Abenteuer und klingt wohl eher wie ein Lockruf, der das lyrische Ich aus dem behaglichen Zuhause hinauszieht in die Welt der Ferne und unbekannten Orte. Dieser Aufforderungscharakter, dem Lied des Windes zu folgen und sich selbst ebenfalls auf den Weg zu machen nach einem Abenteuer, wird am Ende von Vers 4 durch das Ausrufezeichen besonders betont.

Aber so einfach, wie es scheint, ist die Lösung nicht. Davon erzählt das lyrische Ich in der zweiten Strophe. Denn würde man sich entscheiden, dem Lied des Vagabundenwindes zu folgen, dann wäre auch diese Entscheidung keine dauerhafte. Erneut würde sich die Sehnsucht nach dem Anderswo bemerkbar machen, weil man ihr nie entrinnen kann „Der Sehnsucht nach dem Anderswo / Kannst du wohl nie entrinnen" (Vers 5 und 6). Denn was passiert , wenn man draußen ist? Man sehnt sich nach drinnen „Nach drinnen, wenn du draußen bist, / Nach draußen, bist du drinnen" (Vers 7 und 8).

Das Hinsehen und das darauffolgende Wegsehen, das ja wieder ein erneutes Hinsehen ist, spiegelt das Gedicht auch in seinen sprachlichen Gestaltungsmitteln wider. Beide Strophen leben inhaltlich von Gegensätzen. Die Sehnsucht nach etwas wird sehr anschaulich durch Nomen *(Äpfel, Kessel, Feuer, Vagabundenwind, Abenteuer)* und Verben *(duften, prasselt, pfeift, singt)* wiedergegeben. Drei der vier Verben in der ersten Strophe sind lautmalerisch und vermitteln unserem Hörsinn angenehme Klänge, das vierte Verb *(duften)* spricht unseren Riechsinn in sehr wohliger Weise an. Auch die Adverbien *drinnen* und *draußen* – sowohl in der ersten als auch in der zweiten Strophe – verdeutlichen die permanente Sehnsucht nach dem Anderswo sehr anschaulich druch ihre Gegensätzlichkeit.

Besonders eindrucksvoll aber ist es, wie die „Sehnsucht nach dem Anderswo" in der ersten Strophe durch sprachliche Bilder veranschaulicht und repräsentiert wird. Das Wort „Vagabundenwind" ist dafür eine wunderschöne Metapher, durch die diese Sehnsucht personifiziert und somit vermenschlicht wird. Dies ist kein Wind, der uns heulend um die Ohren fegt, sondern das ist ein Vagabund, der uns das Lied vom rastlosen Leben als Abenteuer vorsingt.

Wenn ich das Gedicht laut lese, dann empfinde ich die erste Strophe als ein wenig unruhig und bewegt. Sie ist im Rhythmus nicht ganz gleichmäßig gestaltet,

aber das passt auch gut zum Inhalt. In den ersten beiden Versen bin ich Zuhause bzw. in der Nähe, und in den Versen 3 und 4 höre ich ja schon den Vagabundenwind mit seinem Lockruf in die Ferne. Klanglich abgerundet wird dieses Sehnen von der Nähe in die Ferne durch den Kreuzreim, der die Bewegung von drinnen nach draußen über Kreuz miteinander verbindet.

Die zweite Strophe wirkt auf mich etwas ruhiger und gleichmäßiger. Auch in dieser Strophe passt der Rhythmus gut zum Inhalt, denn hier kann ich beim Lesen die Erkenntnis oder Einsicht gewinnen, dass die „Sehnsucht nach dem Anderswo" immer da ist – ganz gleich, wo ich auch bin. In dieser Strophe wird weniger unser Gefühl angesprochen als vielmehr unser Verstand, mit dem wir uns diese Sehnsucht erklären können. Die mögliche Unruhe, die durch dieses Hin- und Hersehnen entstehen könnte, wird durch den gleichmäßigen Trochäus aufgefangen: Zweimal wechseln in der Strophe Verse mit vier betonten Silben (Vers 5 und 7) und drei betonten Silben (Vers 6 und 8) ab.

Ich deute das so, dass wir uns keine Sorgen darüber machen müssen, wenn wir manchmal gern woanders wären als dort, wo wir gerade sind. Wir brauchen uns davon nicht aus der Ruhe bringen zu lassen, auch wenn wir uns nicht immer einen rechten Reim darauf machen können. (Denn in der zweiten Strophe reimen nur Vers 6 und Vers 8 miteinander, während die Verse 5 und 7 nicht miteinander reimen.)

Mir gefällt dieses Gedicht von Mascha Kaléko. Ich fühle mich zwar sehr wohl dort, wo ich gerade bin. Aber ich weiß nun auch, dass es in Ordnung wäre, wenn ich mal etwas ganz anderes machen wollte oder wenn ich mal ganz irgendwo anders leben wollte.

Was mir aber ganz besonders gut gefallen hat, ist die Metapher vom „Vagabundenwind". Das Wort ist so richtig schön und neu für mich. Ich kann mir diesen „Kerl", der sich neugierig, rastlos und abenteuerlustig auf die Socken macht in die Ferne, sehr gut als Bild in meinem Kopf vorstellen. So jemanden würde ich gern einmal kennen lernen und ihn darüber befragen, wo überall auf der Welt er schon gewesen ist. Und ich würde gern wissen wollen, wohin es ihn denn als nächstes zieht. Vielleicht mache ich mich ja auch einmal auf den „Vagabundenweg" – irgendwann. Aber zuerst einmal bleibe ich hier bei meinen Freunden und bei meiner Familie.

Seite 48:
Aufgabe 2: **Erster Eindruck und Anmutung:**
Das Gedicht wirkt auf mich traurig und melancholisch. Das lyrische Ich ist genauso wie das Wetter in einer eher trüben Stimmung.

Thema / Inhalt:

Das Thema in Mascha Kalékos Gedicht „In den Regen" ist ein verregneter Herbsttag samt der damit verbundenen Auswirkungen auf die Gefühle und Stimmung des lyrischen Ich.

Lyrisches Ich:

Das lyrische Ich gibt sich in der ersten Strophe durch die *du*-Anrede zu erkennen, in der zweiten und dritten Strophe spricht es dann direkt auch von sich selbst in der *ich*-Form.

Das Ich ist traurig und fühlt sich an einem verregneten Herbsttag ganz und gar verlassen. In dieser Situation stellt es vier Fragen an einen fiktiven Gesprächspartner. Es erkundigt sich, ob sich dieses *du* eventuell in einer ähnlichen Stimmung und Situation befindet. Gleichzeitig teilt es in Form dieser Fragen aber auch mit, dass es sich selbst sehr traurig, einsam und allein fühlt. Seine Grundhaltung der Jahreszeit „Herbst" gegenüber ist so melancholisch, dass es sich am liebsten in den Winterschlaf versenken würde.

Form und Aufbau:

Das Gedicht besteht aus drei Strophen mit jeweils vier Versen.

In den beiden ersten Versen der ersten Strophe richtet das lyrische Ich seinen Blick zunächst von drinnen nach draußen und nimmt den Herbst mit seinem Nebel wahr („Vor nebelüberwölkten Fensterscheiben", Vers 2). In den beiden letzten Versen dieser Strophe ist es selbst draußen unterwegs und geht „[...] verlassen durch den Park / Und lässt wie welkes Laub vom Wind [d]sich treiben ...".

In der zweiten Strophe beschreibt das Ich, was es zu Hause tut, um seine Melancholie zu überwinden: lange Brief schreiben (allerdings an den Papierkorb!) und darauf hoffen, dass jemand sich meldet und Kontakt zu ihm aufnimmt.

In der dritten Strophe zieht das Ich ein Resümee für sich selbst: Es gibt niemanden, der Kontakt mit ihm sucht oder aufnimmt; es gibt nur den Regen, der von den Fensterbänken tropft. Und: Es fühlt sich unendlich allein. Dieses Gefühl ist so übermächtig, dass es sich sehnlichst wünscht, seine Sumpfschildkröte zu sein, um sich wie sie in den Winterschlaf zu versenken.

Versmaß und Rhythmus:

Das Versmaß des Gedichtes ist ein fünfhebiger Jambus. Der Rhythmus ist eher ruhig. Enjambements gibt es in allen drei Strophen.

Klang:

In der ersten Strophe reimen die Verse 2 und 4 miteinander. In der zweiten Strophe liegt ein Kreuzreim vor (a–b–a–b), in der dritten Strophe ein umarmender Reim vor (a–b–b–a).

Gestaltungsmittel:

Die letzten beiden Verse (4 und 8) in den Strophen 1 und 2 enden offen. Das Wort „nebelüberwölkt" in Vers 2 ist eine Wortneuschöpfung, die auf die Dichte und Masse des Nebels anspielt und damit die Trostlosigkeit des Herbstwetters betont.

Einen Gegensatz, der allerdings aufgelöst wird, findet man im Übergang von Strophe 2 zu Strophe 3. Die Hoffnung darauf, mit jemandem kommunizieren zu können, wird mit dem Gedankenstrich am Ende der zweiten Strophe bis zum Beginn der dritten Strophe aufrechterhalten – um dann aufgrund der Erkenntnis „Kein Laut" (Vers 9) in pure Enttäuschung umzuschlagen. Das Einzige, das zu hören ist, ist der fortdauernde Regen.

Bilder:

Metaphern: „trauerst in den Herbst" (Vers 1); „vom Wind dich treiben" (Vers 4); „in tiefen Winterschlaf versenken" (Vers 12)

Personifikationen: „müdem Lampenlicht" (Vers 5); Papierkorb, der Briefe erhält (Vers 6)

Vergleiche: „wie welkes Laub" (Vers 4); „Sumpfschildkröte" (Vers 11)

Die Sprache des Gedichtes wendet sich in besonderem Maße an das Gefühl. Sie führt uns das trübe und feuchte Wetter, die Bedrücktheit, das Gefühl des Alleinseins und der Hilflosigkeit sehr deutlich vor Augen. Durch die direkt an das *du* gerichteten Fragen wird man als Leser oder Zuhörer unmittelbar in die Gefühlswelt des lyrischen Ich und in seine momentane Befindlichkeit einbezogen. Verstärkt wird diese Wirkung auch durch die Ansprache der verschiedenen Sinne: Man sieht mit dem lyrischen Ich aus einem Fenster; man spürt mit ihm den herbstlichen Wind; man horcht auf mögliche Stimmen und auf den Regen.

Wirkung und Deutung:

Das Gedicht berührt und schafft Nähe, weil man die Situation des lyrischen Ich gut nachempfinden kann. Es beschreibt anschaulich und aufrichtig, wie man sich beim Einsetzen des Herbstes samt all seiner witterungsbedingten Erscheinungen fühlen kann. Die kompromisslose Konsequenz, eine Sumpfschildkröte sein zu wollen, mag nicht auf jeden zutreffen, ist aber angesichts der empfundenen Einsamkeit und Verlassenheit nachvollziehbar.

Kaum ein anderes Bild als das des welken Laubes, das im Wind umhertreibt, beschreibt den Herbst treffender und führt uns nicht nur die Vergänglichkeit der Natur, sondern auch unsere eigene immer wieder deutlich vor Augen.

Das Bild der in den Winterschlaf absinkenden Sumpfschildkröte aber ruft auf besondere Weise unser

© Westermann, Lösungen zu den Arbeitsheften Praxis Sprache 9 (978-3-14-121780-3 und 978-3-14-121790-2)

Mitgefühl und Mitempfinden hervor. Das lyrische Ich möchte nun wirklich ganz und gar seine Ruhe haben, wie es scheint, und das Alleinsein in einen tiefen Schlaf umwandeln, der erst dann endet, wenn der Kreislauf des Lebens im Frühjahr von Neuem beginnt. Würde ich das Gedicht jemandem vortragen, dann würde ich es nachdenklich, traurig, langsam und eher leise vortragen.

Seite 51:

Aufgabe 2:

Fietscher:
- Hauptperson
- Metzgerlehrling
- will den Beruf eigentlich gar nicht erlernen
- hat Angst davor, das Schwein zu schlachten
- fühlt sich unwohl in seiner Situation
- verkraftet das Töten des Tieres zunächst nicht
- kehrt aber zurück und fügt sich in sein Schicksal

Vormund:
- verbietet Fietscher, zur See zu fahren
- bietet ihm keine Alternative zum Metzgerberuf

Bauer:
- freut sich auf die Schlachtung des ergiebigen Schweins
- hat keine Beziehung zu dem Schwein
- lacht Fietscher aus, als er hinfällt

Bäuerin:
- hat eine Beziehung zu dem Schwein aufgebaut
- will zunächst nicht, dass es erschlagen wird; will stattdessen, dass es erschossen wird
- arrangiert sich aber schnell mit der neuen Situation
- lacht Fietscher aus, als er hinfällt

Metzger:
- erwartet Gehorsam von Fietscher
- kennt kein Mitgefühl
- setzt seine Forderung auch mit Schläge durch
- traut Fietscher zunächst nichts zu
- zeigt Zufriedenheit über Fietschers großartigen Schlag
- hat kein Verständnis für Fietschers ‚Aussetzer' – schlägt ihn

Seite 52:

Aufgabe 3:

Die Hauptfigur ist **Fietscher**.
- erster Arbeitstag
- denkt darüber nach, wie das Schwein sterben wird
- wollte nie Metzger werden (wollte nicht schlachten, nicht Fleisch schneiden, keine Wurst machen, nicht im Blut rühren)
- wollte lieber zur See fahren – darf nicht
- Schwein sieht ihn hilflos an

- steht rum
- soll Gewehr holen
- hat Gewehr vergessen
- soll das Schwein mit einer Axt selbst totschlagen
- wird blass und es würgt ihn im Hals
- er kann das Schwein zunächst nicht töten
- bekommt einen Schlag und fällt hin – umarmt währenddessen das Schwein
- er weiß Bescheid und schlägt zu
- tötet das Schwein mit einem Schlag
- Schlag brummt in seinen Ohren nach
- ist benommen und kriegt nichts mit
- soll den Schweinekopf in die Küche bringen – wirft ihn stattdessen von einer Brücke auf einen vorbeifahrenden Kahn auf dem Neckar
- Brummen hört auf
- steckt Prügel ein, ohne zu weinen oder sich zu erklären
- ist zufrieden darüber, dass der Schweinekopf nun auf einem Kahn davonfährt

Aufgabe 4:

Fietscher wollte gerne zur See fahren. Das tut nun der Schweinekopf an seiner Stelle. Fietscher ist erschrocken über sich selbst und über seinen zukünftigen Beruf als Metzger, aber er kann nicht mehr zurück. Um seine „Schuld", die für einen Metzger zum Berufsalltag gehört, zu sühnen, schickt er den Schweinekopf anstelle seiner selbst auf Reisen. Dem Kopf des Schweines widerfährt nun die Freiheit, die sich Fietscher immer für sich selbst erhofft hatte. Fietscher schließt mit dieser Tat wohl mit seinem Traum ab und fügt sich in sein Schicksal als Metzger.

Aufgabe 5:

Meinen ersten Arbeitstag heute werde ich wohl nie in meinem Leben vergessen. Als ich heute Morgen zur Arbeit kam, musste ich gleich den Wagen für eine Schlachtung beladen. Auf dem Bauernhof angekommen, stellte ich fest, dass ich das Gewehr vergessen hatte. Um meine Vergesslichkeit zu bestrafen, verlangte der Metzger dann, dass ich das Schwein mit einer Axt erschlage. Ich war fassungslos und weigerte mich zuerst. Doch dann schlug mich der Metzger und ich fiel hin, dem Schwein direkt in die Arme. Alle lachten über mich. Als ich mich wieder aufgerappelt hatte, blieb mir nichts anderes übrig, als zuzuschlagen. Gleich mit dem ersten Schlag war das Schwein tot. Ich war total benebelt. An die nächsten Minuten kann ich mich kaum erinnern. Erst als der Metzger von mir wollte, dass ich den Schweinekopf in die Küche bringe, kam ich wieder zu Sinnen. Aber ich brachte den Schädel nicht in die Küche, sondern rannte damit zum Neckar. Dort ließ ich den Schweinekopf von einer Brücke hinunter auf einen Kahn fallen.

So erlebt nun zumindest einer von uns beiden das „Auf-dem-Wasser-Herumfahren". Schließlich musste ich dafür auch eine Menge Prügel einstecken, aber ich wusste auch, dass keine Erklärung, keine Gegenwehr und kein Weinen mich davor bewahren würden.
Mir bleibt nun aber für immer die Zufriedenheit und Gewissheit darüber, dass der Schweinekopf ruhig und friedlich über den Fluss schippert.

Seite 53:

Aufgabe 6:

Charakterisierung der Hauptfigur „Fietscher" in der Kurzgeschichte „Die Metzgerlehre" von Leonie Ossowski

Die Kurzgeschichte „Die Metzgerlehre" von Leonie Ossowski beschreibt den ersten Arbeitstag des Metzgerlehrlings Fietscher. Fietscher scheint keine direkten Angehörigen zu haben, denn ein Vormund hat über seine Berufswahl entschieden. Ursprünglich wollte er zur See fahren, doch nun muss er Metzger werden. Er beugt sich dieser Entscheidung, aber der Beruf ist ihm grundsätzlich zuwider („Er wollte nicht schlachten, [...] nicht im Blut rühren." Zeile 4–5). An seinem ersten Arbeitstag wird er gleich mit den harten Seiten des Metzgerberufs konfrontiert.

Weil Fietscher das Gewehr vergessen hat, beschließt der Metzger, dass Fietscher nun das Schwein mit der Axt selbst erschlagen soll. Doch Fietscher sträubt sich („Fietscher wurde blass und es würgt ihn im Hals. [...] Ich kann nicht." Zeile 20–23). Nach einem Schlag des Metzgers, woraufhin Fietscher hinfällt und alle ihn auslachen, besinnt er sich. Er fühlt sich unwohl und verraten zwischen den Erwachsenen, denn auch die Bäuerin, die gegen das Erschlagen des Tieres war, lacht über ihn. Während seines Sturzes kommt er dem Schwein ganz nah. Das Tier wird nun im Angesicht des Todes ganz ruhig („Auch das Schwein wusste wohl Bescheid [...], zeigte Vertrauen [...]" Zeile 34). Fietscher reißt sich zusammen und schlägt es mit einem Schlag tot. Das Dröhnen des Schlages macht ihn unmittelbar benommen. Alles um ihn herum nimmt er plötzlich nicht mehr richtig wahr. Der Metzger, der Fietscher zunächst nicht zutraut, das Schwein zu erschlagen, ist nun sehr zufrieden. Er beauftragt Fietscher damit, den Schweinekopf in die Küche zu bringen. In dem Moment aber, als Fietscher den Schweinekopf mit den offenen Augen in den Händen hält, findet er wieder zurück in die Realität. Er gehorcht allerdings nicht der Anweisung des Metzgers, sondern rennt mit dem Schweinekopf zum Neckar. Dort lässt er ihn von einer Brücke auf einen vorbeifahrenden Kahn fallen. Diese Tat erfüllt Fietscher mit tiefer Zufriedenheit, denn sie befreit

ihn von der Schuld, das Tier getötet zu haben („Und endlich hörte das Brummen vom Schlag in Fietschers Ohren auf." Zeile 57).

Als Fietscher zum Metzger zurückkehrt, muss er für sein Verhalten eine ordentliche Tracht Prügel einstecken. Der Schweinekopf ist nämlich ein sehr wertvolles Schlachterzeugnis, das auf vielfältige Weise zur Verarbeitung genutzt werden kann. Fietscher erträgt diese Prügel ohne Gegenwehr. Er weiß, dass er etwas falsch gemacht hat, aber nur durch diese Aktion kann er die für ihn extreme und höchst belastende Situation verkraften („Er [...] steckte ohne Mucken und Tränen gewaltige Prügel ein [...]" Zeile 57–58).

Fietscher ist eine Figur, deren Verhalten man gut nachempfinden kann. Es muss schrecklich sein, einen Beruf zu erlernen, den man nicht ausüben möchte. Auch der Beruf eines Metzgers ist bestimmt nicht jedermanns Sache. Sein anfängliches Zögern, das in Gehorsam umschlägt und dann die Flucht mit dem Schweinekopf zur Folge hat, ist gut nachvollziehbar. Er braucht diesen Ausbruch aus dem normalen Ablauf der Dinge, um weitermachen zu können („Eine Zufriedenheit hatte ihn mit dem Davonfahren des Schweinekopfes auf dem Schiff erfüllt, die ihm niemand nehmen konnte." Zeile 59–60), auch wenn er weiß, dass er dafür Ärger und Schläge bekommt. Dieses ruhige Liegen und Wegfahren des Schweinekopfes auf dem Kahn scheint für Fietscher das Loslassen seines Wunsches widerzuspiegeln, selbst zur See zu fahren. Er fügt sich damit nun in sein Schicksal.

Mich hat die Figur „Fietscher" in der Kurzgeschichte „Die Metzgerlehre" von Leonie Ossowski sehr beeindruckt. Fietscher ist als Berufsanfänger ja noch sehr jung – aber der traut sich richtig was. Als er zum Töten des Schweins angehalten wird, beugt er sich der Anweisung des Metzgers und führt den tödlichen Schlag gegen das Tier aus. Aber mit der anschließenden Aktion, wenigstens den Kopf des Schweines aus der nun einsetzenden Kette der Fleischverarbeitung zu befreien, bittet er das Tier symbolisch um Entschuldigung und schenkt ihm gleichsam so seine Freiheit und damit auch seine Würde zurück. Der junge Man weiß, dass er diese Aktion wird bezahlen müssen, als er zum Metzger zurückgeht. Aber das nimmt er „ohne Mucken und Tränen" (Zeile 58) in Kauf. In diesem Moment ist Fietscher erwachsen geworden. Er übernimmt nun selbst die Verantwortung und trägt die Konsequenzen für sein Tun und legt dafür niemandem gegenüber Rechenschaft ab. Das ist in meinen Augen höchst mutig und zeugt von einer großen Stärke, die in ihm wohnt.

Ich denke, Fietscher braucht nun keinen Vormund mehr. Er selbst entscheidet ab diesem Moment

© Westermann, Lösungen zu den Arbeitsheften Praxis Spache 9 (978-3-14-121780-3 und 978-3-14-121790-2)

darüber, was für ihn wichtig ist, und steht voll und ganz dafür ein – ohne Wenn und Aber.

Seite 54:
Aufgabe 1:
Wörter mit Dehnungs-h: allmählich, belohnen, Bewährung, Diebstahl, ermahnen, fahnden, Föhn, Gefährte, höhnisch, prahlen
Wörter ohne Dehnungs-h: bequem, beschwören, betrogen, geschoren, klönen, Krümel, Qualen, Schemel, schmoren, Tal
Aufgabe 2:
fähig, früher, geschehen (geschah), Geweihe, glühen, höher, leihen (lieh), Mühe, nahe, nähen, Reihe, ruhig, sprühen (sprühte), verrohen, Verzeihung, Weihnachten, Zähigkeit (zäh), Zehen

Seite 55:
Aufgabe 1:
Er weist mir den Weg. Sie liest etwas vor.
Sie reißt etwas kaputt. Er weiß es nicht genau.
Das Reh grast im Feld. Er redet konfus.
Der Kreis hat einen Radius. Er weißt die Wand.
Sie ließ etwas fallen. Er reist in die Ferien.
Er hat es nicht gewusst. Sie genas von der Krankheit.
Sie mag gern Pflaumenmus.
Er ist ein richtiger Pfiffikus.
Aufgabe 2: Gasse / Gase; Straße; Masse / Maße; Späße; Busse / Buße; Soße; Schüsse; Süße
Aufgabe 3:
Maaßen, Weißenberg, Oberkassel, Nussbaum, Fassberg, Räußig

Seite 56:
Aufgabe 1:
Wie sehen wir die Welt?
Die meisten Deutschen sehen vieles im Niedergang begriffen. Drei Viertel von ihnen sind der pessimistischen Meinung, dass es den Menschen in den Entwicklungsländern immer schlechter geht, und neun von zehn sind der Ansicht, dass unsere Umwelt immer mehr verschmutzt. Die Wahrheit aber ist: Der Welt geht es so gut wie nie zuvor. Dabei muss man die heutige Welt nicht einmal mit dem Mittelalter vergleichen. Es genügt ein Blick in die letzten 50 Jahre. Die Nachrichtensendungen informieren vor allem über Missstände und Katastrophen, und das muss wohl auch so sein. Selten aber kommt in die Schlagzeilen, dass wir heute länger leben als noch vor 40 Jahren, dass wir gesünder sind und weniger arbeiten – und dennoch mehr Geld besitzen. Die Umwelt ist so sauber wie lange nicht mehr, es gibt weniger Gewalt, und die gesellschaftlichen Konflikte haben sich verringert. Nicht alle pro-

fitieren im gleichen Maße davon, aber für die Mehrheit der Menschen gehen die Trends in eine positive Richtung. Aber warum malt sich der Mensch die Welt dann so düster aus, wenn die unmittelbare Erfahrung doch wenig Anlass dazu gibt? Nach neuesten Untersuchungen schneidet die Gegenwart im Vergleich mit der Vergangenheit immer relativ schlecht ab: „Früher war alles besser!", sagen vor allem die älteren Leute. Unser Gehirn gibt negativen Signalen mehr Bedeutung als positiven. Das liegt wahrscheinlich an unserer Menschheitsgeschichte: Wenn unsere Urväter ihre Aufmerksamkeit stärker auf das Gefährliche richteten, hatten sie größere Chancen zu überleben, als wenn sie keine Gefahren sahen. Und die Medien verstärken diese Wahrnehmungsmuster, sodass wir uns die Gegenwart schlechter denken, als sie ist.

Seite 57:
Aufgabe 1:
Er wird sie morgen Mittag besuchen. Sie geht dienstags immer zum Training. Dann kommt sie erst spätabends nach Hause. Doch eines Abends konnte sie nicht trainieren. Sie hatte sich nämlich beim Laufen den Fuß verknackst. Der Fuß tat ihr zum Heulen weh. Sie musste am folgenden Tag zum Arzt. Der Stützverband bedeutete nichts Gutes für die nächsten Tage. Ihr Freund hat ihr zum Trost etwas Schönes mitgebracht. Es gibt nichts Angenehmeres als einen guten Freund. Das hat etwas Tröstliches in einer solchen Situation. Seine aufmunternden Worte waren allerdings etwas aufdringlich. Aber sie sind doch etwas Besseres als gar nichts. Am besten ist, man wird bald wieder gesund!

Seite 58:
Aufgabe 2 (mögliche Lösung):
Eines **Nachts** wachte ich durch ein Klopfen am Fenster auf.
Ich wache **nachts** selbst durch ein lautes Gewitter nicht auf.
Es war ein schöner **Morgen**.
Ich freue mich auf **morgen**.
Wir sind zum **Schwimmen** verabredet.
Wir **schwimmen** um die Wette.
Was werde ich als **Nächstes** tun?
Ein **nächstes** Mal wird es nicht geben.
Sie war in seinen Augen die **Schönste**.
Sie hatte die **schönste** Frisur.
Sag das noch einmal auf **Englisch**.
Sie unterhielten sich **englisch**.
Ich wünsche dir alles **Gute**.
Ihm erschien eine **gute** Fee.

Aufgabe 3:
Pitt geht freitagabends immer mit großem <u>Vergnügen</u> ins Kino. An der <u>Kasse</u> verlangt er wie gewöhnlich mit großer <u>Selbstverständlichkeit</u> eine <u>Kinokarte</u>. Sagt der <u>Verkäufer</u> mit einem <u>Bedauern</u>: „Das <u>Kino</u> ist leider bis auf den letzten <u>Platz</u> ausverkauft." Sagt Pitt: „Das macht mir nicht das <u>Geringste</u> aus. Dann geben <u>Sie</u> mir eben den!"

Seite 59:
Aufgabe 1:
Sie war fest entschlossen, sich von dem Geld einen <u>Teil zu nehmen</u>. Er hatte keine Lust, an der Veranstaltung <u>teilzunehmen</u>. Es machte ihm Spaß, auf dem <u>Kopf zu stehen</u>. Es machte ihm Spaß, <u>kopfzustehen</u>. Im <u>Kopfrechnen</u> war er immer schlecht. Er konnte das nicht im <u>Kopf rechnen</u>. Sie hat immer wieder Spaß daran, <u>shoppen</u> / <u>Shoppen</u> zu gehen. Sie war im <u>Brustschwimmen</u> immer am besten. Sie hatte das Glück, ihn <u>gekannt zu haben</u>. Sie hatte das Glück, ihn <u>kennenzulernen</u> / <u>kennen zu lernen</u>. Beim ersten <u>Kennenlernen</u> hatte sie sich in ihn verliebt. Er hatte heute vor, <u>eiszulaufen</u>. Und sie hatte vor, lieber ein <u>Eis zu essen</u>. Die eine liebte besonders das <u>Eisessen</u>, der andere das <u>Eislaufen</u>.

Seite 60:
Aufgabe 1:
Es macht Sinn, manche Wörter <u>zusammenzuschreiben</u>, und ebenfalls, andere Wörter <u>getrennt zu schreiben</u>. Wir müssen noch das Protokoll <u>zusammen schreiben</u>. Sie hat ihr Referat ganz <u>frei gesprochen</u>. Der Richter hat den Angeklagten <u>freigesprochen</u>. Er hatte heute keine Lust, <u>fernzusehen</u>. Manchmal macht ihm das <u>Fernsehen</u> keinen Spaß. Der Motor seines Mofas ist <u>heiß gelaufen</u>. Ich muss noch den Pudding <u>kalt stellen</u> / <u>kaltstellen</u>. Seine Vorwürfe hatten sie völlig <u>kaltgelassen</u>. Beim Duschen musste sie das Wasser etwas <u>kälter stellen</u>. Er wollte sich beim Training erst noch <u>warmlaufen</u>. Da bekam er beim <u>Warmlaufen</u> einen Muskelfaserriss. Du musst nicht immer so <u>klein schreiben</u>! Dein <u>Kleingeschriebenes</u> kann man kaum lesen. Dabei meine ich nicht die <u>kleingeschriebenen</u> Adjektive, sondern die so schrecklich <u>klein geschriebenen</u> Buchstaben.

Seite 61:
Aufgabe 1:
Sie fragte nach dem Buch, <u>das</u> sie mir geliehen hatte. Ich sagte, <u>das</u> hätte ich ziemlich langweilig gefunden. Sie meinte, <u>dass</u> ich es wohl nicht richtig verstanden hätte. Ich antwortete, <u>das</u> könne man so nicht sagen.

Es sei einfach so, <u>dass</u> mich das Thema nicht interessiert.

Aufgabe 2:
<u>Das</u> Kind soll sich in <u>das</u> Auto setzen, <u>das</u> am Straßenrand steht. <u>Das</u> will es aber nicht. Es haut mit den Fäusten auf <u>das</u> Blech, <u>dass</u> es nur so scheppert. Eine Frau sieht <u>das</u> und fragt die Mutter: „Darf <u>das</u> <u>das</u>?" Die Mutter hört sich <u>das</u> an, sagt aber nichts. Da schüttelt die Frau mit dem Kopf und sagt: „<u>Dass</u> <u>das</u> <u>das</u> darf!"

Aufgabe 3:
Jedermann weiß, <u>das</u> Übertreten von Gesetzen kann Strafen zur Folge haben. Jedermann weiß, <u>dass</u> Übertreten von Gesetzen Strafen zur Folge haben kann. Ich glaube, <u>dass</u> Auslachen kleinen Kindern Schaden zufügen kann. Ich glaube, <u>das</u> Auslachen kann kleinen Kindern Schaden zufügen.

Seite 62:
Aufgabe 4:
Verregneter Ausflug
Der Wetterbericht sagte voraus, <u>dass</u> am Sonntag die Sonne scheint. John und Mary konnten nicht ahnen, <u>dass</u> die Vorhersage falsch war. Jeder weiß, <u>das</u> kommt manchmal vor. Mary holte also ihr Rad heraus, <u>das</u> im Keller stand. Sie holte John ab, (;) <u>das</u> war so verabredet. Der hatte aber verschlafen, (;) <u>das</u> kommt auch manchmal vor. Doch dann fuhren sie auf das Wäldchen zu, <u>das</u> am Stadtrand lag. Dort aßen sie ihr Picknick, <u>das</u> sie mitgebracht hatten. Kaum hatten sie alles so ausgebreitet, <u>dass</u> sie Appetit bekamen, da hörten sie ein Donnern, <u>das</u> aber noch sehr fern war. Plötzlich wurde es so dunkel, <u>dass</u> sie alles wieder einpackten. Sie hatten aber nicht gedacht, <u>dass</u> der Regen so schnell kommen würde. Der prasselte so heftig nieder, <u>dass</u> sie völlig durchnässt wurden. Er pladderte in das Geschirr, <u>das</u> auf dem Waldboden stand. John war so sauer, <u>dass</u> er gegen die Tassen trat. Mary meinte aber, <u>das</u> gehe sicher bald wieder vorüber. Doch die beiden mussten erfahren, <u>dass</u> ihre Fahrt ins Wasser gefallen war. Er glaube, sagte John, <u>dass</u> er besser im Bett hätte bleiben sollen.

Seite 63:
Aufgabe 1:
Niklas fährt freihändig auf der Straße. Ein Polizist hält ihn an und fragt: „Wie heißt du?"
„Niklas Meier"‚ sagt Niklas. „Dein Alter?"‚ fragt der Polizist. „Auch Meier"‚ sagt Niklas.
Aufgabe 2:
Zwei Freunde sind mit dem Rad unterwegs. Nach einer Weile stoppt der eine und lässt Luft aus dem

© Westermann, Lösungen zu den Arbeitsheften Praxis Sprache 9 (978-3-14-121780-3 und 978-3-14-121790-2)

Reifen. „Was soll denn das jetzt?", fragt der eine.
„Der Sattel", sagt der andere, „ist mir ein bisschen zu
hoch."

Aufgabe 3:
Der Polizist fragt einen Verdächtigen: „Sind Sie nicht
der Typ, der den Kleinwagen geklaut hat?"
„Aber nein (!)", sagt der Mann, (.) „Sie können mich
ruhig durchsuchen!"

Aufgabe 4:
Müllers sitzen in der S-Bahn. „Sag mal", fragt Frau
Müller ihren Mann, „fährt der Zug schon?" „Nee",
brummt Herr Müller. „Die Deutsche Bahn trägt den
Bahnhof gerade am Zug vorbei."

Aufgabe 5:
Der Kontrolleur im Bus sagt: „Na, mein Junge,
für einen Kinderfahrschein bist du aber schon zu groß.
(!)" „Na", erwidert der Junge, „dann hören Sie aber
gefälligst auf, mich zu duzen!"

Seite 64:
Aufgabe 1:
a) **3** Ich komme, wenn es möglich ist, morgen gegen
   halb vier.
b) **4** Der Bus kann sich aber verspäten, wie es oft
   passiert, und dann wird es etwas später.
c) **1** Wir reiten dann ein bisschen auf der Pferdeweide,
   wenn du willst.
d) **5** Ich denke, dass uns das Spaß machen wird, sofern
   das Wetter mitspielt.
e) **2** Wenn alles klappt, sehen wir uns also morgen.

Aufgabe 2 (mögliche Lösung):
1) Es ist schön, dass wir uns morgen sehen.
2) Wenn du möchtest, mache ich dann für morgen
   einen Kuchen.
3) Wir können allerdings auch, falls dir das lieber sein
   sollte, irgendwo in ein Café gehen.
4) Ich kenne ein wunderschönes Café, wenn du dich
   dafür entscheiden solltest, und der Kuchen dort ist
   fantastisch.
5) Hauptsache ist, da wir uns so lange nicht von Angesicht zu Angesicht gesehen haben, dass wir uns
   endlich mal wiedersehen, damit ich dich auch mal
   wieder in die Arme schließen kann.

Aufgabe 3:
Gestern Nachmittag war ich bei Sarah auf dem Dorf,
wo wir erst mit den Pferden ausgeritten sind, und
danach war ich bei ihr zum Abendessen eingeladen.

Seite 65:
Aufgabe 4:
Alligatorschildkröte beißt Kind (16 Kommas)
Es gibt, wie es scheint, keinen Sommer ohne Tierge-
schichten. Dieses Jahr gab es die Suche nach einer

bissigen Schildkröte. Diese hat dafür gesorgt, dass in
einem See den Menschen jegliches Badevergnügen
vergangen ist. Dort hat eine große Schildkröte, bei der
es sich wahrscheinlich um eine Alligatorschildkröte
handelt, einen achtjährigen Jungen gebissen. Das Tier
hat dem Jungen, als er im See badete, die Achillessehne durchtrennt. Weil seit Sonntag der See von einem
großen Aufgebot der Feuerwehr gesperrt worden ist,
haben sich viele Schaulustige dort versammelt. Unklar
ist noch, ob es sich um eine Geier- oder eine Schnappschildkröte handelt. Beide gehören zur Familie der
Alligatorschildkröten. Die Tiere werden mindestens 40
Zentimeter groß und bis zu 14 Kilogramm schwer. Sie
gelten als sehr gefährlich. Experten hatten zunächst
vermutet, dass die Verletzung durch eine Glasscherbe
verursacht wurde. Erst nach längerer Prüfung bestätigten sie, dass die Verletzung mit hoher Wahrscheinlichkeit von einer Alligatorschildkröte herrührt, die
sich im See befindet. Einige Leute wollen das Tier, als
sie im See schwammen, auch gesehen haben. Wie
die Schildkröte in den See kam, ist noch unklar. Da sie
vermutlich von ihrem Besitzer ausgesetzt worden ist,
hat man nun Anzeige gegen ihn erstattet.

Aufgabe 5:
Alligatorschildkröte beißt Kind (23 Kommas)
Da es, wie es scheint, keinen Sommer ohne Tiergeschichten gibt, musste es dieses Jahr die Suche nach
einer Schildkröte sein, die dafür gesorgt hat, dass in
einem See den Menschen jegliches Badvergnügen vergangen ist. Dort hat eine große Schildkröte, bei der
es sich wahrscheinlich um eine Alligatorschildkröte
handelt, einen achtjährigen Jungen gebissen. Das Tier
hat dem Jungen, als er im See badete, die Achillessehne durchtrennt. Weil seit Sonntag der See von einem
großen Aufgebot der Feuerwehr gesperrt worden ist,
haben sich viele Schaulustige dort versammelt. Unklar
ist noch, ob es sich um eine Geier- oder eine Schnappschildkröte handelt, die beide zur Familie der Alligatorschildkröten gehören. Die Tiere, da sie mindestens 40
Zentimeter groß und bis zu 14 Kilogramm schwer werden und bissig sind, gelten als sehr gefährlich. Experten hatten zunächst vermutet, dass die Verletzung des
Jungen durch eine Glasscherbe verursacht wurde. Erst
nach längerer Prüfung bestätigten sie, dass die Verletzung mit hoher Wahrscheinlichkeit von einer Alligatorschildkröte herrührt, die sich im See befindet. Einige
Leute wollen das Tier, als sie im See schwammen, auch
gesehen haben. Wie die Schildkröte in den See kam, ist
noch unklar. Die Polizei vermutet, dass sie von ihrem
Besitzer ausgesetzt worden ist, weswegen man nun
Anzeige gegen ihn erstattet hat, da die Haltung eines
solchen Tieres verboten ist.

Seite 66:

Aufgabe 1:

a) **2** Sprayer sprühen ihren Schriftzug, das „Tag", an Wände, um Ruhm zu erwerben.

b) **3** Es bringt nun eben einmal „Fame" (Ruhm), zu sprühen.

c) **5** Vielen Jugendlichen scheint das wichtig zu sein.

d) **2** Um in der Szene anerkannt zu werden, muss sich ein Sprayer an Regeln halten.

e) **3** Die Crew eines Sprayers hat die Aufgabe, Schmiere zu stehen.

f) **4** Das Höchste ist, wenn sich eine Sprayer-Crew damit schmückt, den eigenen Schriftzug gegen andere Sprayer an die Wand zu sprühen.

g) **1** Für Sprayer ist es nämlich wichtig (,) zu konkurrieren.

Aufgabe 2:

Hausbesitzern, an deren Eigentum sich Sprayer zu schaffen gemacht haben, rät die Polizei, den Schaden möglichst schnell zu beseitigen, sobald die Beamten den Schaden aufgenommen haben. Die Ermittler haben oftmals die Möglichkeit, den Täter an seinem „Tag" zu ermitteln. Außerdem ist es so, dass dort, wo eine Schmiererei schnell entfernt wird, in der Regel keine neue hinkommt. Denn den Sprayern kommt es ja darauf an, ihren Schriftzug möglichst für längere Zeit anderen sichtbar zu machen. Die Malerinnung rät, an gefährdeten Gebäuden Spezialanstriche zu verwenden, die ein problemloses Entfernen von Graffiti ermöglichen. Der Schaden, der durch Sprayer angerichtet worden ist, bewegt sich allein in der Region Hannover im Millionenbereich. „Wir könnten jeden Tag 15 Stunden unterwegs sein, um die Taten der Sprayer aufzunehmen", sagte ein Fahnder.

Seite 67:

Aufgabe 1: Sexmus Ronny Müller

„Wir möchten für unseren gestern geborenen Sohn den Namen Sexmus Ronny Müller eintragen lassen", sagte der Vater zur Standesbeamtin. Die Frau sah den Vater kopfschüttelnd an. „Haben Sie sich das auch gut überlegt?", fragte sie. „Ist denn", fragte der Vater, „der Name nicht in Ordnung?" Die Standesbeamtin machte den Vater darauf aufmerksam, dass der Name sehr außergewöhnlich sei, weswegen sie erst überprüfen müsse, ob sie ihn zulassen könne. „Kommen Sie doch bitte in den nächsten Tagen noch einmal vorbei!" Als der Vater am nächsten Tag in das Standesamt kam, teilte ihm die Beamtin mit, dass sie den Namen genehmigen müsse. „Wieso müssen Sie das?", fragte der Vater. „Nun", sagte die Beamtin, „er ist zwar außergewöhnlich, aber nach meinen Erkundigungen kann ich ihn leider nicht ablehnen." „Was

heißt hier leider!", rief der Vater. „Über den Namen bestimmen doch die Eltern." Die Beamtin wandte ein: „Nicht in jedem Fall, da manche Namen nicht zugelassen werden können, wenn sie negativ behaftet sind." „Was soll an Sexmus Ronny negativ behaftet sein?", fragte der Vater. „Er ist zwar", sagte die Beamtin, „nicht negativ behaftet, doch Sie sollten sich einmal überlegen, was andere Kinder Ihrem Jungen antun, wenn sie, um ihn zu ärgern, seinen Namen nur leicht verändern." Die Frau fuhr fort: „Um nur zwei Beispiele zu nennen, könnten sie ihn vielleicht Sexmüller oder Müller muss Sex rufen. Wäre ihm das wohl angenehm?" Der Vater kratzte sich, indem er tatsächlich darüber nachdachte, am Kopf und sagte schließlich: „Gut, dann nennen wir ihn eben ganz einfach Felix." „Das ist ein schöner Name", sagte die Beamtin. „Das heißt der Glückliche." Der Vater fragte noch: „Und was machen wir, wenn es ein Pechvogel wird?" „Der Name wird ihn sicher davor bewahren", sagte die Beamtin, indem sie erleichtert den neuen Namen in die Geburtsurkunde eintrug.

Seite 68:

Aufgabe 1:

Verben: bekommen, gähnen, machen

Nomen: Langeweile, Wut, Zorn

Adjektive: attraktiv, zufrieden

Adverbien: immer, manchmal

Konjunktionen: weil, wenn

Präpositionen: in, über

Artikel: die, eine

Personalpronomen: ich, wir

Possessivpronomen: deine, euer

Demonstrativpronomen: diese, jener

Indefinitpronomen: alle, manche

Aufgabe 2:

Adjektive: langweilig, wütend, zornig

Nomen: Attraktivität, Zufriedenheit

Seite 69:

Aufgabe 1:

Stau auf der Autobahn

... zurückkamen, ...; ... gesperrt ist. ... gehört hatten, ...; ... werden ...; ... kommen, ...; ... fuhren ...; ... hatten ... überschritten, da fängt ...; ... empfängt ...; ... hat gelogen ...; ... wird ... informiert haben; ... gekommen waren ...; ... liege ...; ... werde ... vergessen haben.

© Westermann, Lösungen zu den Arbeitsheften Praxis Spache 9 (978-3-14-121780-3 und 978-3-14-121790-2)

Seite 70:

Aufgabe 1:

Das gestohlene Fahrrad:

hell markiert: was Emma sagt,

unterstrichen: was ihr Vater sagt,

dunkel markiert: was der Erzähler sagt,

fett: umgeformte indirekte Reden.

Emma hat mir erzählt, dass ihr gestern ein folgenschweres Missgeschick passiert sei. Als sie am Morgen in den Keller gegangen sei, habe sie ihr Fahrrad nicht gefunden. Da sei ihr wie ein Blitz in Erinnerung gekommen, dass sie es am Abend zuvor am Zaun vor dem Haus abgestellt habe. Dort sei es wahrscheinlich über Nacht gestohlen worden. Emma ist eben immer etwas vergesslich, das ist nichts Neues für mich. Jedenfalls sei sie gleich zu ihrem Vater gelaufen und habe ihm von dem Unglück erzählt. Ich kenne ja ihren Vater. Der ist ein superkorrekter Mann, der sich mit Ausreden nicht zufrieden gibt. Der habe auch gleich gefragt, ob das Rad auch angeschlossen gewesen sei. Das habe sie natürlich bestätigt,

obwohl sie sich gar nicht so sicher gewesen sei. Gefunden habe sie den Schlüssel jedenfalls nicht. Daraus kann man allerdings nicht schließen, dass Emma gelogen hat; denn außer, dass sie vergesslich ist, verbummelt sie auch oft etwas, das ist ja bekannt. Der Vater habe ihr aber keine Vorwürfe gemacht; es gehe ihm nur um die Versicherung, die zahle nämlich nur, wenn man beweisen könne, dass das Rad angeschlossen gewesen sei. Nun gut, der Schlüssel war nicht aufzufinden, und Emma muss jetzt einige Zeit ohne Fahrrad auskommen. Ich habe ihr aber angeboten, dass sie vorübergehend das Rad meiner Schwester haben könne, die zur Zeit in England im Schüleraustausch sei. **Aber nur, wenn sie mir verspreche, es auch immer abzuschließen. Da falle ihr aber ein Stein vom Herzen,** sagte Emma und versprach mir hoch und heilig, dass sie das Rad hüten wolle wie ihren Augapfel. Ob die Versicherung zahlen wird, ist natürlich höchst zweifelhaft. Ihr Vater habe jedenfalls gesagt, das schöne Fahrrad könne sie in den Wind schreiben. Na ja, dann muss sie eben auf ein neues sparen!

Seite 71:

Aufgabe 1:

Nehmen wir mal an, ich fände ein Portmonee mit einigen Hundert-Euro-Scheinen, dann käme ich für einen kurzen Augenblick wahrscheinlich doch in einen Gewissenskonflikt. Behielte / würde ich dann heimlich das Geld behalten? Dann hätte ich in der nächsten Zeit keinerlei Taschengeldsorgen mehr. Ich gäbe vielleicht sogar, natürlich ohne etwas zu verraten, meiner Freundin ab und zu etwas davon ab. Wie ich mich kenne, brächte / würde ich das Portmonee aber doch zum Fundbüro bringen. Denn erstens hätte ich viel zu viel Angst, dass es irgendwie herauskäme / herauskommen würde. Zweitens müsste ich immer daran denken, ob es sich nicht vielleicht um die Ersparnisse eines gar nicht so reichen Menschen handelt, für den die Welt zusammenbräche, wenn es ihm nicht gelänge, sein sauer verdientes Geld wieder zurückzubekommen. Nein, ich gäbe das Geld zurück. Ich bin ein ehrlicher Mensch. Allerdings hätte ich die Hoffnung, dass ich als ehrlicher Finder auch einen Finderlohn bekäme / bekommen würde. Dann wäre ich für meine Ehrlichkeit zwar immer noch nicht so reich wie der Besitzer des Geldes, ich könnte mir aber wenigstens etwas Schönes für meinen Finderlohn kaufen. Und darüber würde ich mich freuen.

Seite 72:

Aufgabe 1 (mögliche Lösung):

Die magische Kiste

Die „magische Kiste" ist ein uralter Zaubertrick. Auf vielen Zauberveranstaltungen wird er von Zauberern vorgeführt: Die magische Kiste wird hereingetragen. Dann wird sie geöffnet. **Der Zauberer** überzeugt das Publikum mit großem Brimborium davon, dass mit der Kiste alles seine Richtigkeit hat. Dann werden vier Artisten gebeten, in die Kiste hinein zu steigen. Die Kiste wird mit einem Deckel verschlossen. **Der Zauberer** schiebt in vorgebohrte Löcher Dolche aus Holz langsam und gleichmäßig hinein, bis ihre Spitzen an der anderen Seite wieder herauskommen. Aus der Kiste hört man Schreie. Ein Trommelwirbel setzt ein. Dann ist es totenstill. **Der Zauberer** zieht die Dolche wieder heraus. Mit Simsalabim wird der Deckel geöffnet. Die Artisten springen heraus und verbeugen sich. Das Publikum klatscht Beifall.

Was für diesen Trick gebraucht wird, ist eine große Kiste. Sie wird innen schwarz angemalt. Ein schwarzes Inneres wirkt nämlich kleiner, als es in Wirklichkeit ist. Weil also viel mehr Platz in der Kiste ist, als es sich das Publikum vorstellen kann, können die Dolche zwischen den Artisten hindurchgestoßen werden, ohne dass jemand verletzt wird.

Seite 73:

Aufgabe 1:

Eines Tages ging Goethe im Park spazieren.

Der Weg war sehr schmal,

darauf passte nur eine einzige Person.

In einer Kurve kam dem Meister ein Kritiker entgegen.

Der hatte immer wieder einmal Goethes Werke kritisiert.

Manches Buch hatte er sogar „närrisch" genannt.

19

Plötzlich stand er also vor Goethe.
Herablassend sagte er:
„Einem Narren weiche ich nicht aus!"
Da trat Goethe beiseite.
Lächelnd antwortete er:
„Ich schon!"

Seite 74:
Aufgabe 1:
Sätze mit einem Objekt:
a) <u>Dem Mann</u> kann niemand helfen. → Dativ-Objekt
b) <u>Dicke Schnecken</u> fressen Igel am liebsten.
   → Akkusativ-Objekt
c) Die Schülerin legt sich <u>mit ihrer Freundin</u> an.
   → Präpositionales Objekt
d) Sie achtete auf der Party <u>auf ihre jüngere</u>
   <u>Schwester</u>. → Präpositionales Objekt
e) Die Mannschaft rühmte sich <u>ihres Sieges</u>.
   → Genitiv-Objekt
f) <u>Chaos unter der Bevölkerung</u> hat ein Erdbeben
   ausgelöst. → Akkusativ-Objekt
Sätze mit zwei Objekten:
g) Die Mutter hat <u>ihrer Tochter</u> zum Geburtstag
   <u>ein schönes Geschenk</u> gemacht.
   → Dativ-, Akkusativ-Objekt
h) <u>Das große Paket</u> überreichte sie <u>ihr</u> gleich am
   Morgen. → Akkusativ-, Dativ-Objekt
i) <u>Die neuesten Nachrichten</u> teilten die Männer <u>ihren</u>
   <u>Freunden</u> mit. → Akkusativ-, Dativ-Objekt
Aufgabe 2:
b) Igel fressen am liebsten dicke Schnecken.
f) Ein Erdbeben löste Chaos unter der Bevölkerung
   aus.
h) Sie überreichte ihr das große Paket gleich am
   Morgen.
Aufgabe 3 (mögliche Lösung):
Sie leiht <u>ihrem Nachbarn</u> / <u>einen Bleistift</u>.
Er beschuldigte <u>die Frau</u> / <u>des Diebstahls</u>.

Seite 75:
Aufgabe 1:
a) … aber in Mathe schrieb Paula diesmal eine Eins.
b) … aber diesmal schrieb Paula in Mathe eine Eins.
c) … und Paula schrieb diesmal eine Eins in Mathe.
Aufgabe 2:
informative Stellung:
→ <u>Davon</u> hat sie aber ihren Eltern nichts gesagt.
   oder:
→ <u>Sie</u> hat aber ihren Eltern davon nichts gesagt.
emotionale Stellung:
<u>Ihren Eltern</u> hat sie aber davon nichts gesagt.
oder:
<u>Gesagt</u> hat sie ihren Eltern aber davon nichts.

Aufgabe 3:
<u>Die</u> haben sich nur über Paulas strahlendes Gesicht
gewundert.
<u>Gewundert</u> haben die sich nur über Paulas strah-
lendes Gesicht.

Seite 76:
Aufgabe 4:
Von der Liebe allein kann man nicht leben.
Gegen den Tod ist kein Kraut gewachsen.
Schlafende Hunde soll man nicht wecken.
Den Letzten beißen die Hunde.
Aufgabe 5:
Die Ironie kannst du dir sparen!
Mir könntest du es aber doch sagen!
Mich brauchst du ja wohl nicht dabei!
Deine Geduld möchte ich haben!
Das lasse ich mir nicht zweimal sagen!
Den Tipp hättest du mir früher geben sollen!
Mich hältst du da bitte raus!

Seite 78:
Aufgabe 1 (mögliche Lösung):
In dem Hörbeitrag geht es um die Wahl der 25 schönsten Bücher Deutschlands, die die Stiftung Buchkunst*
jedes Jahr prämiert. Im Jahr 2013 gab es zwei Ge-
samtsieger: ein Bilderbuch und einen Kunstband. Der
Beitrag geht vor allem darauf ein, wie Bücher handwerklich gut gestaltet werden und welche Bedeutung
die Buchgestaltung für das Lesen hat.
* Hier auch Stiftung Buchdruck akzeptieren, da in
der Hörfassung diese Bezeichnung fälschlicherweise
verwendet wird.
je ein richtiger Aspekt   → 0,5 Punkte
insgesamt: 1 Punkt

Aufgabe 2:
„Mein kleiner Wald", „Sixtina MMXII" (2012)
je richtige Ankreuzung   → 0,5 Punkte
falsche Ankreuzungen   → jeweils 0,5 Punkte Abzug
insgesamt: 1 Punkt

Aufgabe 3:
Die Auszeichnung eines Bilderbuches ist ein Signal,
dass man, gerade im Zeitalter von E-Books, die Kinder
möglichst frühzeitig an gedruckte Bücher heranführen will. Man setzt also auf die Leser von morgen und
übermorgen und damit auf die Zukunft des gedruckten Buches.
je ein richtiger Aspekt   → 0,5 Punkte
insgesamt: 1 Punkt

© Westermann, Lösungen zu den Arbeitsheften Praxis Spache 9 (978-3-14-121780-3 und 978-3-14-121790-2)

Seite 79:
Aufgabe 4:
• ein interessantes Konzept
• stimmige (schöne) Gestaltung
• Auswahl des Papiers
• passendes Format
• richtige Schriftwahl
• passende Schriftgröße
• schöne Illustrationen
• Sonderausstattung
• Buchgestaltung unterstreicht den Inhalt
• Buchgestaltung vermittelt ein sinnliches Erlebnis

zwei richtige Aspekte	→ 0,5 Punkte
drei richtige Aspekte	→ 1 Punkt
vier richtige Aspekte	→ 1,5 Punkte
fünf richtige Aspekte	→ 2 Punkte

insgesamt: 2 Punkte

Aufgabe 5:
„informieren und werben"
mögliche Begründung: Die Autorin informiert über die Wahl des schönsten Buches des Jahres und wirbt in diesem Zusammenhang für eine Ausstellung des örtlichen Buchhandels.
richtige Ankreuzung mit
passender Begründung   → 1 Punkt
insgesamt: 1 Punkt

Seite 80:
Aufgabe 1 (mögliche Lösung):
Auf der Karikatur sieht man eine Schüler-Lehrer-Situation. Vorn links steht der Lehrer mit einem roten Buch, das seine drei Schüler lesen sollen. Diese hocken* auf dem Boden und reagieren ablehnend. Der Erste hält sich die Ohren zu und sagt, er wolle sich vielleicht das Hörbuch holen. Der Mittlere hält sich die Augen zu und will auf den Film warten. Der Dritte hält sich den Mund zu und behauptet, er habe es auf dem Handy, das er in die Höhe hält.
* Hier ist ein Hinweis auf die drei Affen, die nichts hören, sehen und sagen, richtig und möglich, aber nicht erforderlich.
für jede zutreffende Beobachtung → 0,5 Punkte
maximal: 2 Punkte
Aufgabe 2 (mögliche Lösung):
Der Karikaturist kritisiert die Leseunlust und das Ablehnen von Büchern – und macht sich dabei über die „kreativen" Ausreden lustig.   → 0,5 Punkte
insgesamt: 0,5 Punkte

Aufgabe 3 (mögliche Lösung):
Die große Mehrheit, rund dreiviertel der Befragten, liest gedruckte Bücher. Nur jeder Fünfte liest (auch) E-Books. Jeder Vierte liest überhaupt keine Bücher.
für jede zutreffende Aussage   → 0,5 Punkte
insgesamt: 1,5 Punkte

Aufgabe 4 (mögliche Lösung):
Als bedenklich wird vermutlich die Tatsache empfunden, dass 25 % weder Bücher,
noch E-Books lesen.   → 0,5 Punkte
insgesamt: 0,5 Punkte

Seite 81:
Aufgabe 5:
a) ja: a, d, e; nein: b, c, f   → 2 Punkte
pro falsche Ankreuzung je   → 0,5 Punkte Abzug
insgesamt: 2 Punkte

Seite 82:
Aufgabe 6 (mögliche Lösung):
• **Argument eines Nicht-E-Book-Lesers:**
Für mich ist das wichtigste Argument, dass man nicht auf einem Bildschirm lesen will. Denn das Lesen eines E-Books, z.B. auf dem Display eines Smartphones, kann die Augen sehr anstrengen. Ich z. B. bekomme davon leicht Kopfschmerzen. Deshalb greife ich lieber zu einem Buch, weil das Lesen auf Papier viel entspannter ist.
oder:
• **Argument eines E-Book-Lesers:**
Für mich ist das wichtigste Argument, dass E-Book-Dateien nichts wiegen, denn sie sind ja virtuell. Dagegen können Bücher aus Papier richtig schwer sein. Das ist z. B. für Vielleser, wie meinen Vater, auf einer längeren Reise ein Problem. Aber auf seinem leichten E-Book-Reader kann er ohne Schwierigkeiten bis zu 1000 Bücher mitnehmen, und der Lesestoff geht ihm nicht aus.
für ein vollständig
entfaltetes Argument
(Argument + Begründung /
Erläuterung + Beispiel)   → 1 Punkt
insgesamt: 1 Punkt

Seite 83:
Aufgabe 7 (mögliche Lösung):
Die Kurzgeschichte „Das letzte Buch" von Marie Luise Kaschnitz spielt in einer fiktiven Zukunft. Ein Kind kommt von einem Schulausflug nach Hause und erzählt vermutlich der Mutter, dass es in einem Museum das letzte Buch in einer Glasvitrine gesehen

habe. Die Mutter reagiert erschrocken, aber das Kind ist froh, als es im neuen plastischen Fernsehen einen Tierfilm sehen kann.

für Angaben zu Textsorte, Titel,
Autorin → 0,5 Punkte
für inhaltliche Aspekte → 1,5 Punkte
insgesamt: 2 Punkte

Aufgabe 8:
Metapher / Personifikation: „Der trübe Fluss schmatzte ..." (Zeile 12)
rhetorische Frage: „Was kann da schon drinstehen, murmelte es, in so einem Buch." (Zeile 14)
für jedes korrekte Zitat → 0,5 Punkte
insgesamt: 1 Punkt

Seite 84:
Aufgabe 9:
offener Anfang, nur wenige Figuren, (problematische) Alltagssituation, räumlich begrenzter Ort, sachlicher Erzählstil, zentraler Gegenstand, offener Schluss
zwei zutreffende Merkmale → 0,5 Punkte
drei zutreffende Merkmale → 1 Punkt
insgesamt: 1 Punkt

Aufgabe 10 (mögliche Lösung):
„Beim Essen, Kochen, Würzen / ein Buch kann nicht abstürzen." (Zeile 11 / 12)
„marsch in den Abfallkübel" (Zeile 18)
„Schön lesbar und beguckbar / so stehn sie unverruckbar" (Zeile 29 / 30)
zwei korrekte Zitate → 0,5 Punkte
drei korrekte Zitate → 1 Punkt
insgesamt: 1 Punkt

Seite 85:
Aufgabe 11 (mögliche Lösung):
• Bücher kann man einfach dabeihaben.
• Man kann sie einfach aufschlagen und sofort lesen.
• Bücher können überall gelesen werden.
• Elektronische Geräte müssen gestartet werden (Wartezeit).
• Elektronische Geräte brauchen Strom.
• Elektronische Geräte können abstürzen.
• Elektronische Geräte veralten schnell.
• Elektronische Geräte sind unnütz, wenn sie nicht mehr kompatibel sind und landen auf dem Abfall.
• Bücher halten lange, man kann sie auch noch in 100 Jahren und länger lesen.
zwei zutreffende Gründe → 0,5 Punkte
drei zutreffende Gründe → 1 Punkt
fünf zutreffende Gründe → 1,5 Punkte
insgesamt: 1,5 Punkte

Wahlaufgabe 1 a)
(mögliche Lösung):
Haben Bücher keine Zukunft mehr, lesen wir alle bald nur noch digital? Auf diese Frage gibt der Karikaturist Schwarwel eine eindeutige Antwort. Auf der Karikatur aus dem Jahre 2010 sieht man einen Lehrer, der seine Schüler dazu bewegen will, ein Buch zu lesen. Diese hocken auf dem Boden und wollen nichts davon hören, sehen und dazu sagen. Sie wollen vor allem eines nicht – nämlich ein Buch lesen. Haben Bücher also wirklich keine Zukunft? Was sagt die Statistik dazu?
Thema und Überleitung → 1 Punkt
Kurzbeschreibung der Karikatur → 1 Punkt
insgesamt: 2 Punkte

Wahlaufgabe 1 b)
(mögliche Lösung):
In einer Studie von BITKOM-Research aus dem Jahr 2013 wurde die Frage gestellt: „Lesen Sie zumindest hin und wieder gedruckte Bücher oder E-Books?" Mit „Ja, ich lese Bücher", antworteten rund drei Viertel der Befragten. Ein Fünftel gab an, E-Books zu lesen. Und ein Viertel antwortete „Nein, ich lese weder Bücher noch E-Books." Vor allem zeigt die Umfrage, dass eine große Mehrheit der Menschen Bücher, und zwar gedruckte Bücher liest. Die E-Book-Nutzer sind eindeutig in der Minderzahl – und vermutlich lesen die meisten von ihnen außer E-Books auch Bücher. Bei reinen E-Book-Lesern dürfte es sich also um eine verschwindend kleine Gruppe handeln. Also das Aus von Büchern steht nicht unmittelbar bevor, ein erfreuliches Ergebnis, wie ich finde. Meiner Meinung nach ist es aber bedenklich, dass jeder Vierte nie ein Buch liest, weder ein gedrucktes noch ein E-Book, weder privat noch beruflich.
Quelle, Jahr und Fragestellung → 1 Punkt
Ergebnisse → 1 Punkt
Bewertung → 1 Punkt
insgesamt: 3 Punkte

Wahlaufgabe 1 c)
(mögliche Lösung):
Das Leseverhalten der E-Book-Leser wurde 2014 in einer Umfrage vom BITKOM und dem Börsenverein des Deutschen Buchhandels untersucht. Als Lesegeräte genutzt werden vor allem PCs oder Laptops, gefolgt von Tablets und E-Readern. Besonders die Jüngeren lesen aber zunehmend auf ihren Smartphones, die sie sowieso immer dabeihaben. „Smartphones entwickeln sich mit ihren großen und hochauflösenden Bildschirmen zum Lieblingslesegerät der Deutschen", sagt Achim Berg, Vizepräsident des BITKOM. „Bei kurzen Wartezeiten werde heute das Smartphone gezückt

© Westermann, Lösungen zu den Arbeitsheften Praxis Sprache 9 (978-3-14-121780-3 und 978-3-14-121790-2)

und an der Stelle weitergelesen, an der man am Abend zuvor auf einem anderen Gerät aufgehört habe", erklärt Steffen Meier, Sprecher beim Börsenverein des Deutschen Buchhandels, wie zum Beispiel die Synchronisationsfunktion das Leseverhalten verändert.

Angaben zu Umfrage	→ 1 Punkt
Ergebnisse zum Leseverhalten	→ 1 Punkt
ein korrektes Zitat zu Smartphones	→ 1 Punkt
insgesamt: 3 Punkte	

Seite 86:
Wahlaufgabe 1 d)
(mögliche Lösung):

E-Books verändern also die Art, wie wir lesen. Denn gegenüber den traditionellen Büchern haben sie einige unbestreitbare Vorzüge. Aus meiner Sicht spricht vor allem für E-Books, dass sie nichts wiegen. Deshalb sind sie besonders praktisch, wenn man unterwegs ist. So kann man ohne große Schlepperei und ganz bequem seine Lieblingsbücher mit auf die Reise nehmen. Außerdem kann man jederzeit neuen Lesestoff beziehen. Zum Beispiel liebt meine Schwester Fantasy-Romane und kaum hat sie einen ausgelesen, lädt sie sich den nächsten aufs Smartphone und kann ohne Wartezeit weiterlesen. Viele E-Books, deren Copyright abgelaufen ist, gibt es kostenlos im Internet. Auf diese Weise habe ich zum Beispiel in den letzten Ferien mehrere Sherlock-Holmes-Romane gelesen.

Aber es gibt auch viele Gründe, lieber „richtige" Bücher zu lesen. Einige mögen keine Computer oder die E-Reader sind ihnen zu teuer. Andere lesen nur ungern auf einem Monitor, weil sie das unangenehm und anstrengend finden. Das Flimmern älterer Bildschirme kann sogar Kopfschmerzen verursachen. Der wichtigste Grund aber, warum so viele Leser – und auch ich – den traditionellen Büchern treu bleiben, ist die sinnliche Wahrnehmung beim Lesen. Ein Buch fasst man an, spürt sein Gewicht, fühlt und riecht das Papier, den Einband und hört beim Umblättern das Rascheln der Seiten. Und man kann es ansehen, wenn es im Regal steht, und sich an dem schönen Anblick erfreuen. Dagegen ist ein E-Book nur eine Datei, die man schnell runterlädt und schnell auch wieder löscht.

Argumente für E-Books / für Bücher	→ 2 Punkte
Beispiele und Erläuterungen	→ 2 Punkte
insgesamt: 4 Punkte	

Wahlaufgabe 1 e)
(mögliche Lösung):

Am Ende meiner Überlegungen komme ich zu dem Fazit, dass in Zukunft der Anteil der E-Books deutlich wachsen wird. Vermutlich werden sie sich multimedial weiterentwickeln und ihren Lesern noch mehr Funktionen bieten. Aber ich bin auch der Überzeugung, dass gedruckte Bücher trotzdem längst nicht „out" sind. Sie bieten ein Leseerlebnis ganz anderer Art und werden ein fester Bestandteil unserer Kultur bleiben. Ich denke, mir geht es wie vielen Jugendlichen: Ich lese vor allem gerne „echte" Bücher, aber ich möchte auch nicht auf E-Books verzichten. Für mich stehen die beiden nicht in Konkurrenz, sondern sie ergänzen sich. Und es wäre doch schön, wenn E-Books dazu beitragen könnten, dass mehr gelesen wird.

Prognose zu Büchern und E-Books	→ 1 Punkt
eigene begründete Stellungnahme	→ 1 Punkt
insgesamt: 2 Punkte	

Wahlaufgabe 2 a)
(mögliche Lösung):

Hallo, ihr da draußen, geht es euch auch so wie mir? Immer öfter lese ich auf dem Smartphone statt in einem Buch. Da kann man sich schon Gedanken machen, ob Bücher vielleicht bald ganz aus unserem Leben verschwinden – oder ob sie auch in Zukunft ihren Platz behalten werden. Deshalb möchte ich euch heute zwei interessante Texte vorstellen, die sich mit diesem Thema beschäftigen.

Ansprache und Einbeziehung der Leser	→ 1 Punkt
Erklärung zum Thema und Überleitung	→ 1 Punkt
insgesamt: 2 Punkte	

Seite 87:
Wahlaufgabe 2 b)
(mögliche Lösung):

Der erste Text ist die Kurzgeschichte „Das letzte Buch" von Marie Luise Kaschnitz aus dem Jahr 1970. Erzählt wird die Geschichte aus der Perspektive eines Ich-Erzählers, vermutlich einem Vater oder einer Mutter. Die Handlung spielt in einer fiktiven Zukunft, in der die Menschen keine Bücher mehr besitzen. Es geht um ein Kind, das von einem Schulausflug kommt und erzählt, es habe im Museum das letzte Buch gesehen. Daraufhin muss der Ich-Erzähler „unwillkürlich" (Zeile 2) auf die leere, weiße Wohnzimmerwand blicken. Früher standen dort viele Bücherregale, jetzt dient die Wand als Projektionsfläche fürs Fernsehen. Erschrocken fragt er das Kind nach der Art und dem Inhalt des Buches. Doch das weiß keine Antwort: „Wir durften es nicht anfassen. Es liegt unter Glas." (Zeile 9) Das Bedauern des Ich-Erzählers hört das Kind schon nicht mehr, denn da hat es bereits das Fernsehen angestellt.

Das Verhalten des Kindes erkläre ich mir so: Das Kind kennt keine Bücher mehr, es hat nie welche gelesen. Deshalb kann es auch mit dem Buch im Museum nichts anfangen, es ist ihm gleichgültig: „Eben ein

Buch, sagte das Kind." (Zeile 6) Sein Medium ist „das neue plastische Fernsehen" (Zeile 4–5). Als es entzückt auf der großen Wand eine Szene mit riesigen Elefanten betrachtet, murmelt es vor sich hin: „Was kann da schon drinstehen, (...), in so einem Buch." (Zeile 14).

Der Ich-Erzähler dagegen gehört zu den älteren Menschen, die noch „richtige" Bücher gelesen haben. Vielleicht erschrickt er, weil er ganz vergessen oder verdrängt hat, wie gern er früher Bücher gelesen hat. Und der Blick auf die öde weiße Wand macht ihm klar, wie sehr er das vermisst und dass das Kind wohl nie ein Buch lesen wird.

Offen bleibt für mich, warum es dort überhaupt keine Bücher mehr gibt. Sind sie vielleicht verboten – oder sind die Menschen von anderen Medien so fasziniert, dass sie die Bücher vergessen haben?

Sprachlich auffällig finde ich den Verzicht auf Anführungszeichen bei der wörtlichen Rede und den sachlichen Erzählstil, der fast ohne sprachliche Bilder auskommt. Erst am Schluss, als es um die Fernsehszene geht, wird die Sprache anschaulicher: „Der trübe Fluss schmatzte, die eingeborenen Treiber schrien." (Zeile 12–13).

| korrekte Angaben zu Textsorte, Autor, Titel, Erscheinungsjahr | → 1 Punkt |
| interpretierende Aussagen zu Inhalt, Figuren, Sprache, korrekte Zitate | → 4 Punkte |

insgesamt: 5 Punkte

Wahlaufgabe 2 c)

(mögliche Lösung):

Ganz anders wirkt dagegen der zweite Text, das Gedicht „Das Buch" von Robert Gernhardt aus dem Jahr 2002. Gleich in den ersten Versen wird festgestellt: „Ums Buch ist mir nicht bange. / Das Buch hält sich noch lange." (Vers 1–2). Humorvoll schildert das Gedicht dann die Vorzüge von Büchern gegenüber Computern: „Beim Fliegen, Fahren, Gehen – / ein Buch bleibt niemals stehen. / Beim Essen, Kochen, Würzen / ein Buch kann nicht abstürzen." (Vers 9–12). Es warnt ausdrücklich vor elektronischen Medien: „Die meisten andren Medien / tun sich von selbst erledigen. / Kaum sind sie eingeschaltet, / heißts schon: Die sind veraltet!" (Vers 13–16). Und es wird empfohlen, klüger zu sein und sich an Bücher zu halten, denn „Das Buch wird nicht veralten." (Vers 34).

Immer zwei Verse bilden eine Strophe und reimen sich paarig. Manche Verse klingen für mich etwas holprig. Das unterstreicht den unterhaltsamen Charakter des Gedichtes. Hinter dem Witz erkenne ich aber auch ernsthafte Kritik an den neuen Medien und den Nutzern, die so kritiklos damit umgehen.

| korrekte Angaben zu Textsorte, Autor, Titel, Erscheinungsjahr | → 1 Punkt |
| interpretierende Aussagen zu Inhalt und Form, korrekte Zitate | → 3 Punkte |

insgesamt: 4 Punkte

Wahlaufgabe 2 d)

(mögliche Lösung):

Beide Texte finde ich sehr beeindruckend. Die Kurzgeschichte von Marie Luise Kaschnitz macht mich traurig, wenn ich mir vorstelle, ich müsste in einer Welt ohne Bücher leben. Und es ist beängstigend, wie aktuell der Text heute ist, obwohl er bereits vor über 40 Jahren geschrieben wurde.

Robert Gernhardts Gedicht hat mich dagegen mit seiner Zuversicht froh gemacht, dass es noch in 100 Jahren und länger Bücher geben wird. Ich denke, es liegt ganz in unserer Hand, ob Bücher eine Zukunft haben werden oder nicht. Wir alle entscheiden doch darüber mit unserem Verhalten. Also, liebe Leute, lest nicht nur auf Tablet oder Smartphone! Bitte, greift auch zu Büchern! Freut euch über schöne Bücher im Regal und bleibt ihnen treu.

Wirkung der Texte	→ 1 Punkt
Fazit	→ 1 Punkt
Appell an die Leser	→ 1 Punkt

insgesamt: 3 Punkte

Hinweise zur weiteren Bewertung

- bis zu **6 Punkte** – sprachlicher Ausdruck in der Wahlaufgabe
- bis zu **6 Punkte** – Rechtschreibung und Zeichensetzung in der Wahlaufgabe
- möglicher **Notenschlüssel**:

46–41 Punkte:	sehr gut (1)
40–35 Punkte:	gut (2)
34–29 Punkte:	befriedigend (3)
28–23 Punkte:	ausreichend (4)
22–11 Punkte:	mangelhaft (5)
10–0 Punkte:	ungenügend (6)